BRAND PUBLISHING E TRANSIÇÃO MIDIÁTICA

PAULO HENRIQUE FERREIRA

BRAND PUBLISHING E TRANSIÇÃO MIDIÁTICA

Como a comunicação editorial das marcas vai mudar a sociedade, os negócios e a sua empresa

1ª edição

Rio de Janeiro, 2022

Coordenação: Andréa Naccarati de Mello

Preparação: Andréa Naccarati de Mello
Ilustrações: Caio Oishi
Revisão: Felipe Faverani (Robecca & Co.) e Luana Almeida (Barões)
Projeto gráfico e diagramação: Caio Oishi
Capa: Caio Oishi

Dados Internacionais de Catalogação na Publicação (CIP)
(Câmara Brasileira do Livro, SP, Brasil)

Ferreira, Paulo Henrique
Brand publishing e transição midiática : como a comunicação editorial das marcas vai mudar a sociedade, os negócios e a sua empresa / Paulo Henrique Ferreira. -- 1. ed. -- São Paulo : Robecca & Co. Editora, 2022.

Bibliografia.
ISBN 978-65-993938-5-3

1. Comunicação empresarial 2. Conteúdo gerado pelo usuário 3. Gestão de negócios 4. Marcas comerciais 5. Marcas de produtos - Marketing 6. Marketing digital 7. Mercado digital 8. Mídias digitais I. Título.

22-134684 CDD-658.827

Índices para catálogo sistemático:
1. Marcas : Marketing : Administração de empresas 658.827
Aline Graziele Benitez - Bibliotecária - CRB-1/3129

"Com efeito! a imprensa era mais que uma descoberta maravilhosa, era uma redenção. A humanidade galgava assim o Himalaia dos séculos, e via na ideia que alvorecia uma arca poderosa e mais capaz de conter o pensamento humano."

Machado de Assis em "O Jornal e o Livro" (1859).
Ensaio dedicado a Manuel Antônio de Almeida.

agradecimentos

Sei que agradecimentos são textos de cunho particular, sem maior interesse para a audiência de qualquer publicação. Portanto, ao contrário da minha dissertação de mestrado, que teve um longo texto de agradecimento (e certamente ninguém leu), desta vez serei bem compacto e objetivo, até para não cometer injustiças.

Agradeço a Bruno Costa e a João Gabriel Pereira, os sócios que comigo fundaram a Barões Digital Publishing. Sem um dos seus três fundadores, a Barões não existiria. Através deles, também agradeço à toda comunidade da Barões pelos envolvimento, entusiasmo e alinhamento de visões.

Também agradeço aos autores da apresentação, do prefácio e do posfácio desta obra. Muito obrigado às executivas e aos executivos que concederam ricas entrevistas e ajudaram a nortear a composição do texto.

Obrigado às autoras, aos autores e às personalidades citadas, bem como a cada marca mencionada neste livro. Em especial, agradeço às organizações que são clientes e parceiras da Barões, pois acreditam, enxergam e endossam nossa visão.

Obrigado às equipes que participaram da produção e revisão deste livro, tanto da editora Robecca & Co., quanto da própria Barões.

Por fim, um obrigado especial para minha esposa, Márcia, meu filho, Pedro, e meu irmão, Paulo Renato. Amplio o mesmo agradecimento às famílias amigas, aos nossos familiares e a todas as pessoas que constroem conosco um universo de amizade, confiança e afeto.

sumário

prefácio

Conheci o P.H. em 2015, quando eu era sócio da FSB Consumo. Ele já falava sobre o conceito e a tendência de *brand publishing*, naquela época. Quando veio para a FSB, para desenvolver esta área de oportunidade de forma transversal, tinha a experiência prévia em grandes organizações, como LANCE! e Movile, como base para a estratégia de desenvolvimento do projeto.

P.H. me chamou positivamente a atenção, desde o início, ante a convicção sobre esta rota e a resiliência nos processos de educação e engajamento de diversos *stakeholders* (internos e externos), criando propostas interessantes para o negócio.

Porém, em pouco tempo, ele concluiu que, pela natureza do conceito, para combinar a devida maturação e a necessária velocidade, ele deveria se dedicar a um projeto proprietário.

Em 2017, pude acompanhar *in loco* a criação da Barões. P.H. compartilhou comigo a perspectiva geral: desde o modelo de negócio, até a visão estratégica e a disciplina de execução, ainda no âmbito de uma *startup*.

A beleza deste processo partiu de premissas fundamentais, tais como a inequívoca e "inevitável" transformação do mercado de mídia e a consequente reinvenção do segmento de Comunicação & Marketing.

O novo papel das marcas, em geral, está no centro desta discussão - tanto pela importância de uma narrativa mais abrangente e engajadora junto aos diversos públicos de interesse, idealmente, como pela necessidade de estarem alicerçadas a um propósito estratégico.

P.H. define muito bem a concepção de "*Publishers*" como fator crítico de sucesso neste novo contexto mercadológico e competitivo, aproximando as empresas da discussão sobre *Branding*.

Alguns *cases*, no livro, ilustram o percurso até o *brand publishing* de maneira categórica, com exatidão de fatos e dados que evidenciam benefícios comerciais, suportados pelas apresentações de fluxos de processos e *KPIs* de performance.

Tenho convicção, pela minha experiência, de que a combinação de dois pilares essenciais de qualquer organização - a saber, Governança e Estratégia - será traduzida em Reputação por meio de marcas fortes, pautadas por propósitos legítimos que geram impactos positivos, como uma melhor gestão de ESG, por exemplo. Isso independe do setor - de Consumo, Serviços, Tecnologia, ou Industrial -, bem como do modelo de negócio de cada empresa: seja B2B, B2C; seja, às vezes, a combinação de ambos, B2B2C.

A questão já é uma prioridade executiva nas companhias (tanto em nível de *Board*, quanto para *C-Level*), preocupadas em gerar vantagem competitiva, consistente e sustentável.

Por esta razão, ante a minha paixão pelo tema de gestão de Marcas e Reputação, fiquei muito feliz com o convite do P.H. para a escrita deste prefácio, em especial por acompanhar o desenvolvimento do projeto que ele liderou, pautado por uma combinação imbatível entre a capacidade de sonhar e as de empreender e de executar.

Luiz Carlos Dutra
Diretor-executivo da Mover Participações

introdução

Não imaginava que seria tão difícil começar a escrever este livro sobre *brand publishing* e transição midiática. Afinal, esse é o tema da minha história de vida profissional, bem como das histórias do Bruno Costa e do João Gabriel Pereira, meus dois sócios, que fundaram comigo a Barões Digital Publishing, em 2017.

Somados, temos décadas de trabalho em grandes plataformas digitais de conteúdo editorial, como LANCE!, Globo, Movile, e incontáveis projetos para marcas que, a partir dos anos 2000, começaram a explorar os meios digitais. Àquela época, ainda muito na dinâmica de tentativa e erro, muitas vezes movidas por *hypes* inconsistentes, sobretudo para replicar a comunicação persuasiva do século XX na Sociedade da Informação do século XXI.

Mas a Sociedade da Informação se impôs, finalmente. No Brasil, foram cerca de duas décadas de transição, partindo de um ambiente de mídia centralizado em uma emissora televisiva, além de outras organizações de TV, alguns rádios e jornais, revistas e uma dezena de agências de publicidade - cujo objetivo de negócio era fazer filmes publicitários para a rede de televisão protagonista, que concentrava 80% do orçamento publicitário.

Desconstruir esse modelo, obviamente, não seria tarefa fácil e, de certa forma, esse processo ainda está em curso. Mas, sobretudo do meio da primeira década do século XXI para cá - com a emergência do telefone celular como a mídia de maior capilaridade da história -, a profecia de Marshall McLuhan ("o meio é a mensagem") foi implacável: agências, veículos e marcas, por mais que tentassem encaixar a mentalidade do século XX dentro da telinha do celular, não conseguiam.

O fracasso foi retumbante, com a quebradeira sistemática de grandes grupos de comunicação impressa - inclusive a original Editora Abril. Como consequência, houve um rearranjo profundo nos setores de mídia e comunicação que, na minha visão, são duas frentes de uma mesma indústria.

Tais derrocadas deixaram claro para as marcas que o modelo da Sociedade do Espetáculo ("acúmulo de capital produz imagens através do meio de comunicação de massa", como cravou Guy Debord) estava datado. O meio mudou, de maneira estrutural. E quem não compreende os fundamentos do meio, não vai estabelecer a mensagem.

Por essas e outras, voltando à primeira frase do livro, pensei que seria mais natural colocar no papel esse óbvio e ululante processo de transição midiática pelo qual a humanidade tem passado. Mas, como o processo foi e tem sido duro para todas as indústrias e a sociedade como um todo, tal tarefa não é necessariamente simples.

Serve como alerta sobre a importância fundamental das organizações em aprenderem a operar na Sociedade da Informação, em nível profissional. Em particular, em suas faces mais visíveis: na comunicação e na mídia digital, ubíqua e central na sociedade humana. Isso passa pelo entendimento da atual transição midiática e do novo papel da comunicação das marcas, que assumem, de forma prioritária, o desafio de informar - e não apenas convencer - suas audiências.

Portanto, apesar de não ser uma tarefa exatamente simples, é a isso que este livro se propõe: em sua primeira parte, vamos contextualizar o período de transição midiática que vivemos, tão ou o mais profundo vivido pela humanidade entre os séculos XIX e XX, com o surgimento do telégrafo (isso pra não precisarmos voltar ao século XV, com a prensa de Gutemberg - outro período de transição midiática de igual profundidade).

Na segunda parte, após o fundamental aprofundamento sobre transição midiática, vamos entender o papel das marcas como entes digitais protagonistas na função de produtoras de informação. Em um movimento muito nobre, de resgate do valor da atribuição e da origem do conteúdo, com o total domínio das técnicas de um *publisher* digital profissional. Vamos analisar *cases* internacionais e nacionais e passar por toda a metodologia, por todas as etapas da logística da comunicação editorial: a plataforma, o conteúdo, a distribuição, os dados (com marcos regulatórios e mudanças tecnológicas em prol da privacidade). E, claro, resultados, que também são medidos sob novos parâmetros. Resultados, esses, que são impossíveis de construir (e medir) com os datados paradigmas do século XX - ainda que uma marca tenha todo dinheiro do mundo para investir no intervalo da novela ou do telejornal.

Por isso, no que tange à comunicação de marcas nesse contexto brutal de rearranjo, o livro trata especificamente da comunicação editorial digital como um ativo de mídia proprietário valioso de uma organização.

Neste livro, não tratamos das comunicações persuasiva, institucional, transacional ou operacional. Tampouco de assessoria de imprensa ou de mídia paga - que vão continuar a existir, integradas à agora protagonista mídia proprietária, que cresce como resultado lógico desse rearranjo.

Como o tema "mídia proprietária" também é amplo, deixo claro o nosso escopo: a comunicação editorial em plataformas digitais proprietárias, que se tornam necessidade operacional para as marcas construírem audiências diretas, escaláveis e legítimas. A atual década de consolidação de transformações será tema da terceira e última parte do livro, que propõe debates sobre jornalismo especializado, sobre atuação e oportunidades da academia de comunicação e sobre o papel fundamental da gestão, em alto nível, para operar os novos processos de comunicação.

Portanto, creio que vamos alcançar – eu, na escrita; você, na leitura - o objetivo que o livro propõe, com um título bem explícito: "*brand publishing* e transição midiática", acompanhado por um subtítulo que tenta ser um complemento para profissionais de gestão, negócios e comunicação de todos os setores.

Pretendo ocupar as próximas páginas com reflexões, paralelismos, provocações, ideias, exemplos e metodologia que ajudem a aguçar o processo de reflexão de profissionais e estudantes de negócios e comunicação, bem como o de líderes de organizações de diferentes setores, portes e atividades.

Uma nota: esse ritmo de mudança atinge todas as áreas, inclusive no campo da linguagem, é claro. Portanto, mesmo ciente de que a língua é viva; de que a evolução para pronomes neutros é necessária, vou adotar os padrões gramaticais vigentes, ainda que isso me custe, em alguns momentos, uma ginástica estilística para tentar contemplar ambos pronomes.

Enfim, espero que, durante a leitura atenta deste livro, você, leitora ou leitor, desenvolva outra perspectiva sobre o papel da comunicação editorial das marcas no processo de transição midiática no qual todas e todos estamos, inescapavelmente, envolvidos.

parte 1

TRANSIÇÃO MIDIÁTICA

capítulo 1

O contexto da transição midiática

Antes de avançar sobre o conceito de *brand publishing* e mídia proprietária, é preciso entender o contexto de transição midiática sob o qual vivemos. Esse dever de casa, aliás, vale para todas as demais disciplinas de mídia digital, que vão muito além do *brand publishing*. Por isso, precisamos entender que, apesar das particularidades inerentes à plataforma digital e à Sociedade da Informação, a transição midiática não é um fenômeno exatamente inédito.

Se voltarmos cerca de 100 anos, para o início do século passado, vamos nos deparar com um processo de transição midiática também profundo, que tem similaridades com a época que vivemos. O telégrafo, rede desenvolvida e implantada por Samuel Morse (entre outros) ainda no século XIX, ganhou escala e se tornou uma rede mundial de informação em tempo real, através dos cabos que levavam impulsos elétricos, quase instantaneamente, para outros países e continentes (inclusive, através de cabos submarinos). Os impulsos elétricos transmitidos pelos cabos do telégrafo eram decodificados em mensagens, notícias e informações.

Uma curiosidade reveladora: foi naquela época que se começou a utilizar o termo "informação on-line", por causa dos cabos. Pois é, o telégrafo é o avô legítimo da internet e ambas as redes são aplicações da eletricidade. Essa relação é descrita pelo jornalista Tom Standage no magistral livro "A internet vitoriana", de 1998. Vale muito a pena lê-lo, porque é uma referência definitiva para entender a transição midiática que vivemos.

Assim como hoje, naquele *fin de siècle* o telégrafo de Morse também foi se desenvolvendo e ganhando escala no mundo todo. Com sua consolidação, muitos jornais e agências de notícias aposentaram seus pombos correios e adotaram a estratégia de "seguir o cabo" - caso da Reuters, agência de notícias fundada por Paul Julius, o barão von Reuter. Com o telégrafo, as informações financeiras, que demoravam duas semanas para atravessar o Atlântico entre Londres e Nova Iorque, se tornaram "on-line". Isso mudou a dinâmica das bolsas, das notícias, das informações. Naquele momento, o mundo foi conectado; viramos a tal aldeia global.

Sobre tal fenômeno, o nosso gênio Machado de Assis escreveu, em 1859, no Correio Mercantil, um pequeno e preciso tratado, "O Jornal e o Livro", embalado pela transição midiática daquela época. Aliás, é sempre bom lembrar que Machado era um homem que compreendia bem a evolução tecnológica do seu tempo: começou a carreira como tipógrafo, inclusive. Ou seja, foi um técnico em *publishing* (ou "publicista", como Machado definiu), além de escritor.

Não por acaso, entre passeios na Rua do Ouvidor, óperas, leituras, escritas e despachos como servidor público, Machado teve uma vida muito movimentada, ao testemunhar a escalada da eletricidade, do telégrafo, dos jornais e até do automóvel. Nesse artigo sobre o jornal e o livro, Machado "mata a pau" ao relacionar a evolução natural das interfaces com a necessidade intrínseca de movimento por parte do espírito humano:

> *"A lei eterna, a faculdade radical do espírito humano, é o movimento. (...) O livro é um sintoma de movimento? Decerto. Mas estará esse movimento no grau do movimento da imprensa jornal? Repugno afirmá-lo. O Jornal, a literatura quotidiana, no dito de um publicista contemporâneo, é reprodução diária do espírito do povo (...). O livro não está decerto nestas condições. Há aí alguma coisa de limitado e de estreito se o colocarmos em face do jornal. Depois, o espírito humano tem necessidade de discussão, porque a discussão é movimento."*

Se o jornal já atendia a necessidade de movimento do espírito humano, quem diria o celular um século e meio mais tarde? Mas, calma, ainda não chegamos lá. Antes, é preciso entender o processo como um todo. A partir do paradigma do telégrafo, seus potentes desdobramentos midiáticos foram surgindo, a saber: o telégrafo "sem fio", que depois ficou conhecido como rádio; e o telégrafo "falante", ou melhor, o telefone. O mesmo paradigma foi usado para a invenção da televisão, que, por sua vez, ganhou protagonismo absoluto, em nível global, após os postes de luz elétrica substituírem as lamparinas. Sem choro nem vela. Ou seja, a partir da escalada da eletricidade e do telégrafo, da imprensa, do rádio, do telefone e da televisão, surgiu a "Sociedade do Espetáculo" do século XX.

Então, o século XX aposentou aquela mídia artesanal baseada na prensa de Johannes Gutenberg. Agora, a mídia estava eletrificada. A escala mudou completamente. Os jornais e revistas eram impressos com grande velocidade, com novos formatos e padrões gráficos. As emissoras de rádios dos *disc jockeys* foram consolidadas - técnica e economicamente - em redes como ABC, NBC e outras empresas que, em evolução contínua, se tornaram *broadcasters* de televisão. Após a grande pandemia de gripe espanhola e duas guerras mundiais que alteraram todo o panorama social, cultural, tecnológico, geográfico, econômico e político, o novo século e a nova sociedade surgiram, em definitivo - deixando para a história o bom e velho século XIX.

Por isso me surpreende, muitas vezes, o saudoso debate entre profissionais de comunicação e negócios em relação à indústria do século XX, em uma idealização do passado, a meu ver, sem sentido. Pois com a nova rede global, a internet, começamos a testemunhar uma nova e ainda mais profunda era de transição midiática, que torna o Século XX um "filme de época", tal qual a Era Vitoriana.

Lá nos anos 90, quando a *World Wide Web* ainda era novidade, o século XX estava em seu apogeu. Não só pelo período de relativa paz e pelo pujante crescimento econômico global, puxado pelos Estados Unidos, mas, também, como causa e consequência, pela onipotência da "Sociedade do Espetáculo". Com o modelo comercial de publicidade baseado no formato para televisão - sobretudo no mercado brasileiro -, os conglomerados de mídia eram os grandes intermediários da informação que circulava na sociedade. Uma restrita elite midiática ditava o conjunto de crenças e valores para a aldeia global, processo muito bem detalhado pelos clássicos intelectuais brasileiros Milton Santos e Renato Ortiz.

Só que a WWW trouxe à tona o começo do fim da Sociedade do Espetáculo. Pois a internet, o "novo telégrafo", começou a mudar profundamente os modelos. A informação on-line - termo telegráfico reaproveitado já nos primórdios da internet - ganhou contornos definitivamente profissionais após o ataque ao World Trade Center, em 2001. O celular foi o seu desdobramento derradeiro, pois atendeu, em nível ubíquo e instantâneo, a necessidade de movimento do espírito humano. Tal qual como Machado de Assis capturou. Tanto é que o telefone celular foi reclassificado de "telefone" para "dispositivo móvel da nova mídia", conforme sustentei na minha dissertação de mestrado em 2005 - defendida na Escola de Comunicação e Artes da Universidade de São Paulo (um ano e meio antes do lançamento do iPhone, veja você).

Não por acaso, esse "dispositivo móvel digital" se tornou a mídia com maior capilaridade da história humana. Todo esse rearranjo no padrão dos meios de comunicação mexeu profundamente na mensagem e, pela capacidade de interatividade instantânea, mudou a relação entre produtores de informação e consumidores de informação – consumidores que, por sua vez, também se tornaram produtores em escala: primeiro, com os blogues; mais tarde, para o bem e para o mal, com as redes sociais.

Mesmo com a escalada absoluta da internet através do celular, com a desestruturação escancarada do processo clássico de informação, as empresas relevantes da Sociedade do Espetáculo ainda tentavam segurar o modelo do velho século. Segurar a todo custo, literalmente. Mesmo que isso representasse a falência. A Editora Abril, por exemplo, se desmanchou de maneira pública e notória, como resultado de uma mentalidade fundamentada - com absoluto sucesso - no século XX.

Existia a crença - não apenas por parte da Abril, mas praticamente de todo o setor de mídia - de que uma editora de títulos impressos continuaria sendo um ente ungido e, portanto, conseguiria manter o monopólio do *publishing* de conteúdo editorial; de que tais técnicas de produção e distribuição, em nível profissional, fossem ser do interesse apenas de um único setor da economia - um setor relativamente pequeno, desproporcional à sua capacidade de influência. Essa crença vitimou muitas estruturas excelentes no mundo todo, como a própria Editora Abril, o Jornal do Brasil, o grupo LANCE!, o Jornal da Tarde, o Diário de S. Paulo, a Revista Época, e muitos outros jornais e grupos de mídia - sobretudo a mídia impressa, setor que primeiro sentiu a imposição da realidade pela natural vocação do celular como suporte para notícia escrita, ilustrada por fotos com muito melhor resolução, com natural integração multimídia, que atualiza várias vezes por dia (não só no dia, na semana ou no mês seguinte).

Nos Estados Unidos, o fechamento da edição impressa da Newsweek soou como um escândalo em 2012. Depois, os fatos se estabeleceram. A circulação dos 200 maiores jornais teve queda de 200% nos 22 primeiros anos do século XXI. Entre 2019 e 2022, estima-se que foram fechados dois jornais por dia. Não preciso registrar aqui os números de falências de grupos de mídia no Brasil, para não ficar datado. Mas o Censo Brasil de Editores de Jornais e Revistas 2022, encomendado pela ANER e pela ANJ, mostrou que, dentro do universo pesquisado, não houve nenhum lançamento impresso desde 2020, e revelou "alta capacidade de adaptação das editoras, já que uma significativa parcela delas transformou seus veículos impressos principais em digitais, caracterizando-os como portais e, muitas vezes, mudando seus títulos para nomes que funcionam mais na *web*". Existe um material farto sobre esse fenômeno no Brasil e no mundo, sempre indexado na internet por observatórios como o Pew Research Center e o portal Poder360. E vem mais história por aí, até porque o profundo rearranjo da transição midiática ainda é um processo em curso.

A quebradeira é geral porque o sistema mudou. Não foi apenas um determinado hábito ou formato, mas a plataforma de mídia em si que provocou mudanças estruturais. Foram poucos profissionais do mercado de comunicação e mídia, formados com a cabeça do século XX, que conseguiram vislumbrar o nível de profundidade desse rearranjo.

Sou testemunha dessa visão predominantemente anacrônica: já ouvi muitas conversas de *publishers*, executivos e jornalistas sobre a época de ouro do mercado, com os eventos de *print technologies* nos Estados Unidos, ou sobre a boêmia dinâmica das redações, que concluíam seus expedientes em botecos, após o suado fechamento da edição impressa.

Não me leve a mal, por favor. Além de eu não ser exatamente um saudosista, essa leitura romantizada me soa como excêntrica: mais ou menos como se Julius von Reuter ficasse apegado e distraído com sua criação de pombos correios, enquanto o telégrafo abria espaço para competidores que capturavam o espírito do tempo.

Apesar da resistência de empresários, profissionais e agências de comunicação, a Sociedade da Informação foi implacável. Com a pandemia de COVID-19, o já barulhento processo de ruptura explodiu na cara de quem ainda tinha dúvidas sobre a transformação. A pandemia, vale frisar, eclodiu universalmente em março de 2020 e marcou mais um intenso paralelo entre as transições midiáticas nas duas últimas viradas de séculos.

Por outro lado, profissionais e organizações que já tinham compreendido o momento de transição midiática puderam se libertar, de uma vez por todas, das desconfortáveis e descabidas comparações com o século XX. Para quem ficou em cima do muro, restaram duas opções: ou sair do negócio de mídia, ou correr muito para adaptar o *mindset* ao século vigente.

Por essas e muitas outras, entender de transição midiática é fundamental. Seja para profissionais de comunicação (óbvio), seja para executivos de negócios e gestão (óbvio, também). Justamente para enxergar o contexto completo e entender que o processo digital, conquanto já escalado, ainda está sendo construído. A boa nova é que ainda dá tempo de pegar o caminho certo.

Afinal, ainda estamos vivendo essa época de rearranjo. Inclusive, de bastante euforia, provocada pela nova indústria de comunicação e mídia, com impactos ainda mais intensos que os sentidos a partir dos anos 1950 em diante, com Hollywood, *Rock and Roll*, telejornais, novelas, cigarros, refrigerantes, carros e *fast food*. De certa forma, estamos vivendo tudo isso novamente, mas agora em cima da plataforma digital, com novos hábitos, valores, vozes e escala.

Entender o processo da transição midiática, portanto, é o primeiro passo para colocar as necessárias transformações em perspectiva. E não cair, de forma acrítica, em qualquer *hype* ou modismo, tomando decisões sem fundamento, com base em técnicas superficiais de encantamento corporativo. É preciso, para não perder ainda mais tempo (e para não falir), ter inteligência, sabedoria, fôlego e credibilidade. Principalmente, é preciso entender a lógica do processo de rearranjo, que traz consigo profundas transformações. O foco do nosso próximo capítulo, aliás.

capítulo 2

Uma época de rearranjo

Como você leu, o capítulo anterior é fundamental para profissionais de comunicação e negócios, pois a atual transição midiática precisa ser colocada sob a perspectiva adequada. Já experimentamos anteriormente uma outra ruptura entre séculos, justamente por causa da emergência de novas tecnologias de comunicação, que fez o século XX parecer ficção científica diante do obsoleto século XIX.

A então nova "Sociedade do Espetáculo" tornou o século XX um século mediado pelos meios de comunicação de massa. "O meio é a mensagem", profetizou McLuhan, em 1967. E o século XXI, por sua vez, com o "nosso" rearranjo, também tornou o século XX obsoleto.

Devemos estressar esse paralelo essencial, para que alguns profissionais de comunicação, gestão e negócios não passem mais vergonha diante do tema. Esse é o chamado mais urgente, para começo de conversa. Já estamos no século XXI, construindo uma nova sociedade (veja bem: a Rainha Elizabeth II morreu em setembro de 2022; portanto, é seguro afirmar que já podemos virar a página do século XX, em definitivo).

Por isso é preciso encerrar de vez a postura deslumbrada de fim de século em relação às supostas "inovações", baseadas em *hypes* e modismos. Por outro lado, também é necessário parar de minimizar as profundas e indefectíveis transformações da nova plataforma global.

Nesses meus 22 anos de carreira, o que eu vi foi uma absurda inversão de valores e prioridades por parte das marcas, das agências e dos veículos. Vi muitas empresas colocando o digital em um pedestal quase inatingível, sob a égide da "inovação". Como se fosse tudo absolutamente novo e imprevisível; como se não houvesse um paradigma técnico por trás da internet. Internet, aliás, que foi inovação, na parte técnica, lá pelos anos 60 e 70, tempos da Arpanet; e, na frente comercial, nos anos 90, com a definitiva escalada da *World Wide Web*. Depois disso, a internet se massificou. Ao longo dos anos, superou todos os demais suportes juntos, e se estabeleceu como ubíqua e universal.

Portanto, essa frívola fetichização abobalhada da internet como *"rocket science"* fez com que alguns executivos de marcas, veículos e agências tratassem a internet como uma atividade esotérica, sem a devida atenção aos profundos e reais impactos das mudanças nos ambientes social e econômico. A combinação entre deslumbramento e negligência resultou em uma contradição suicida.

Em 17 de maio de 2022, conversei com Cezar Taurion sobre essa contradição, em uma agradável conversa presencial regada a chá, em Ipanema, no Rio de Janeiro. Cezar é uma das principais autoridades no Brasil acerca do processo de inovação corporativa. Ele definiu como "infantil" a maior parte das abordagens das organizações brasileiras em relação à inovação, que têm suas salas de transformação digital equipadas com mesas de pebolim, pufes, escorregadores.

Taurion aponta que, seja pelo medo do FOMO ("*fear of missing out*"), seja por puro despreparo, as marcas, em vez de estruturarem uma abordagem consistente, ficam pulando de *hype* em *hype*, inventando "desnecessidades". Esse deslumbre nocivo com *hypes* distrai os decisores de reais questões. Ou seja, fala-se muito e entrega-se muito pouco. Sobre esse processo ilusório, Taurion escreveu, em seu Medium e em seu LinkedIn, no dia 1º de julho de 2021, o assertivo trecho a seguir:

> *"Inovação não existe no vácuo. Isso implica que, além de cartazes na parede incentivando a inovação, devem existir estratégias e ações que façam acontecer as boas ideias que surgem dentro e fora das empresas. Inovação não é algo pontual, do tipo "Innovation Day", mas processo contínuo que deve se inserir no DNA da empresa. Inovação não é uma estratégia por si mesma, mas um meio para se manter competitivo. Um sinal de que se fala muito em inovação, mas faz-se pouco, é a análise de uma pesquisa que ajudei a elaborar. Nela, os CEOs de grandes empresas disseram, enfaticamente, que inovação é crucial. Porém, quando perguntados se havia budget reservado para inovar, a imensa maioria disse que não. Quando existia, era uma ínfima porção dos gastos do setor. Inovação sem investimento não é inovação, mas mágica."*

Claro que o processo de inovação - se estruturado decentemente - é virtuoso. Mas, antes de inovar na forma, é preciso inovar no processo. Em linha com o raciocínio de Taurion, a seguir, vi gente de grande agência de comunicação, de veículos e de marcas diversas interpretar a "persona inovadora", após um desses *tours* guiados no Vale do Silício. Para piorar, voltar com palestras enfadonhas para um público boquiaberto com tanta "inovação". Para um profissional sem discernimento, presente nos *workshops* de "inovação", aquela superficial palestra pós-*tour* parecia fazer todo sentido: um mini Vale do Silício poderia ser instalado nos (caricatos) departamentos de inovação das marcas, como Taurion escreveu:

> *"Uma das coisas que nunca me entusiasmaram foram as famosas "tours" pelo Silicon Valley com um monte de executivos, que me pareciam muito a visita ao zoo. Muita curiosidade sobre os estranhos bichos (as startups e os nerds) que vivem lá, fotos em frente ao Googleplex. No retorno, tudo continuava como o que era antes. Poucas empresas mudaram seu comportamento, depois que seus executivos fizeram esse safari no Vale. A ideia de aprender sobre o futuro, visitando pontualmente as sedes do Google ou da Meta (ex-Facebook), não me parecia muito sólida."*

Segundo Taurion, esse padrão de comportamento, que ainda perdura, trouxe muito prejuízo de tempo e dinheiro. Enquanto a economia digital avança de maneiras sólida e pragmática, as organizações com esse tipo de pensamento cafona perdem, naturalmente, seus espaços no mercado. Pois a contradição desse nocivo padrão de comportamento está justamente em vender uma suposta "inovação" de maneira superficial, com foco em interfaces prontas - e não processo.

Na comunicação corporativa, em particular, isso tende a ser pior. Durante muito tempo, foi praticamente unânime a confusão entre o conceito de "inovação" e outros conceitos distintos, tais como redes sociais, aplicações transacionais e conteúdo digital, por exemplo. Como se tudo, só por ser digital, fosse absolutamente a mesma coisa. Sem discernimento. Sem uma abordagem estruturada para testes das tais "inovações" - e, pior, sem o preparo adequado para tocar as reais prioridades...

Conheci o Cezar porque ele foi referência fundamental para o meu mestrado na USP, com seu livro "Internet Móvel", em 2002. Acabei fazendo esse mestrado porque tive a bênção de começar minha carreira na Movile - quando ainda era Compera; na primeira geração de executivos desse conglomerado de mídia móvel. Essa oportunidade surgiu como consequência dos meus ricos quatro anos de estudos na faculdade de jornalismo da PUC-Campinas. Intuitivamente, durante o curso, me voltei para empreendedorismo e meios digitais, com a fundação "extraoficial" da EJJOR (Empresa Júnior de Jornalismo), que prestou serviço para a Conpec (Empresa Júnior de Computação da Unicamp - essa sim, oficial). Vale o registro de que tive como meu primeiro cliente o brilhante e saudoso Alexandre Piccolo, então estudante de engenharia de computação e diretor de marketing da Conpec.

A partir dessa valiosa amizade, conheci pioneiros de sucesso da economia digital, como Fabrício Bloisi, Fábio Póvoa, André Penha e Juliano Prado, entre outros nomes de uma geração realmente inovadora e brilhante. Esses nomes citados, não por acaso, são dos fundadores de organizações brasileiras líderes da nova economia, como Movile, QuintoAndar e Galinha Pintadinha. No último semestre da graduação, já trabalhava com Fabrício Bloisi e Fábio Póvoa, durante a gênese da Movile.

Bloisi e Póvoa, junto a uma extraordinária equipe de engenheiros da computação (alguns dos quais viraram amigos para toda a vida), me ensinaram não somente a como trabalhar com meios digitais, mas também a como enxergar a engenharia por trás desses sistemas. A como entender plataformas, em vez de aplicações prontas; como enxergar modelos, em vez de interfaces; como estabelecer processos, em vez de apenas divagar com produto final.

Ou seja, tive a honra de fazer parte de um time de francos desbravadores da internet móvel no Brasil. Nesse espírito, a Compera foi a principal incentivadora da minha já citada dissertação de mestrado acadêmico em Ciências da Comunicação, na ECA-USP. Ainda não detalhei, mas a dissertação "Notícias no celular: uma introdução ao tema" foi o primeiro tratado acadêmico no Brasil sobre o celular como mídia para distribuição de conteúdo noticioso. Fui selecionado em um concorrido processo pela orientadora Mylene Melly, engenheira da Poli-USP, doutora em *hypermedia* que, pra minha sorte, enxergou o valor da minha proposta.

Essa boa base inicial, no mercado e na academia, me ajudou a compreender que a internet não era um monólito obscuro dos deuses, e sim uma plataforma universal de comunicação, transação e relações sociais que estava sendo - inexoravelmente - implantada. E que o celular, como escreveu Howard Rheingold em "*Smart Mobs*", publicado em outubro de 2002, seria "a próxima revolução social".

Esse processo de rearranjo, portanto, já era tecnicamente óbvio e ululante. Porém, muitas organizações seguiram previsões e análises sem nexo, de profissionais de comunicação e líderes de negócios e gestão despreparados e alienados. Isso custou o dinheiro, o tempo e a sustentabilidade de diversas marcas, em todos os setores. Agora, como o mundo todo já está na segunda década da Sociedade da Informação, muitos profissionais e organizações estão tendo que aprender na marra (e, pior, correndo contra o tempo) o real significado da plataforma digital na sociedade humana.

O lado bom dessa história é que houve uma depuração: agências, veículos e profissionais frívolos ficaram para trás. Os modelos se estabeleceram. Cada vez mais, o meio é a mensagem, em níveis extraordinários; em *bits* e *bytes*. Empresas morreram e vão morrer, porque "a velha roupa colorida não nos cabe mais", como cantou o maior roqueiro do sertão, Antônio Carlos Belchior. Novos *players* como a Movile, o QuintoAndar, a Barões (mandando a modéstia às favas) e outras empresas - que ajudam pessoas e organizações a operarem na nova sociedade multiconectada - vão dominar o cenário cada vez mais, com compreensão real do que significa a Sociedade da Informação. Principalmente a comunicação editorial das marcas, o escopo deste livro - que logo vai entrar em seu foco central, prometo.

capítulo 3

Finalmente, vamos entrar na indústria de comunicação e mídia

Este livro, é bom deixar claro, não ousa debater a economia digital como um todo. Além de não ser nosso escopo, existem muitas outras referências sobre o assunto. Livros como o "Dilema da Inovação", de Clayton M. Christensen, "O Lado Difícil das Situações Difíceis", de Ben Horowitz, e "A Cauda Longa", de Chris Anderson, entre inúmeros outros títulos, já escrutinaram o tema. Até Kotler se mostra antenado com o seu "Marketing 4.0" - que, *voilà*, também aborda *brand publishing*.

Brand publishing que, como está na capa deste volume, é o nosso foco dentro do contexto de transição midiática, já exposto. É preciso deixar isso claro, pois antes de ser um profissional do "ramo digital", sou um midiólogo por formação e prática.

Portanto, fica fácil perceber que vamos tratar, neste livro, da comunicação de marcas e do setor de mídia dentro do transversal processo de transição midiática. É importante ressaltar isso, pois a transição midiática confunde os desavisados. Justamente por ser uma transição matricial, atinge frontalmente todos os ramos de negócios. A internet e o celular mudaram tudo, profundamente. A Movile, com o iFood, ganhou dimensões social e comportamental imensuráveis. O QuintoAndar mudou o jogo do ramo imobiliário no país. A Galinha Pintadinha resgatou as cantigas de rodas e entregou o primeiro protagonista digital para o público infantil, com imensos impactos midiático e cultural.

Por isso, não vamos analisar a economia digital de maneira tão abrangente, mas sim dentro de um escopo que, ironicamente, tem sido insuficientemente escrutinado pelos autores de gestão, negócios e comunicação: a indústria de comunicação e mídia. Apesar dos impactos da transição midiática sempre terem sido frontais nos departamentos de comunicação das marcas, nos veículos e nas agências, muito se confundiu comunicação digital com inovação digital ampla.

Foram inúmeras as vezes em que, quando eu era *head* de digital do LANCE!, fui instado por pessoas visivelmente despreparadas a fazer o "WhatsApp do futebol", ou um *e-commerce* de material esportivo, como se fossem um mágico desdobramento do site de notícias que eu liderava. Como se não precisassem de estrutura robusta, de logística, de estoque, de avaliações tributárias, de distribuição, de mídia... como se não fossem um negócio real!

Essa falta de discernimento foi uma falha generalizada das empresas de mídia e comunicação, que se revelou impiedosa na segunda década do século XXI. Lembro-me de quando eu representava o LANCE! na Associação Nacional de Jornais (ANJ), pelos idos de 2012 a 2014. As oportunidades de crescimento dos negócios digitais em mídia e comunicação eram abundantes. Crescimento agressivo da mídia programática e das tecnologias relacionadas; da negociação de direitos e das soluções diretas para marcas. Havia muito, mas muito potencial de reinvenção do negócio, dentro das premissas da mídia e da comunicação adequadas ao presente século.

Mas o que se viu foi uma debandada insana de *ventures* digitais sem fundamento, que culminou em uma "*rat race*" pela solução de *paywall* (desenvolvida com profundidades conceitual, técnica e comercial pelo jornal norte-americano The New York Times, com atuação em âmbito global).

O jornalista Caio Túlio Costa, pioneiro na internet brasileira, publicou um relatório extenso sobre modelo de negócio para o jornalismo digital, com um capítulo inteiro dedicado à "solução *paywall*", em 2013 - fruto de sua temporada de estudos na Columbia University.

À época, todos os jornais queriam colocar a "porteira" no "portal poroso" com o objetivo de cobrar dos leitores uma assinatura. A maioria, claro, saiu levantando porteiras digitais sem pensar direito no Serviço de Atendimento ao Consumidor, sem dominar o trabalho de base de dados, sem dominar aspectos básicos de gestão de produto digital. Trocando em miúdos, sem entender realmente o que estava acontecendo.

O resultado foi desastroso: quebradeira generalizada dos veículos e a falência dos seus modelos de negócios. Inclusive, como vimos no capítulo anterior, com o marcante pedido de recuperação judicial da Editora Abril, em 2018. O Império Romano das editoras de revistas havia caído.

A confusão dos veículos afetou, naturalmente, as agências de publicidade, que sempre foram tão ou mais confusas. Esse elo da cadeia também viu seu faturamento despencar por causa do rearranjo da indústria da mídia - em particular, com o crescimento das redes sociais e das redes de mídia programática. As agências não conseguiam mais operar no modelo audiovisual focado na Globo, que perdurou com sucesso nas últimas três décadas. Precisavam, agora, operar o digital. Assim, começaram a vender o conceito de agência "360º graus", com projetos "on" e "off-line", num esforço atabalhoado para perpetuar o modelo persuasivo e interruptivo de comunicação das marcas.

Obviamente, o resultado de tudo isso foi o fim dos modelos de negócios (no primeiro momento) e das organizações operadoras desses modelos (no segundo momento). Estava tudo na cara, mas faltou reflexão e sobrou entretenimento frívolo. Muito dinheiro foi jogado fora, fruto do despreparo de agências, veículos e marcas que tentaram manter ativo o modelo do século XX em pleno século XXI.

capítulo 4

A desestruturação do setor de comunicação e mídia

Sempre vou me lembrar da pressão que sofri, lá pelos idos de 2010, para jogar a marca LANCE! com tudo nas redes sociais - em especial no Facebook, em franca ascensão. Circulava um palpite estranho sobre o término do portal proprietário; um rumor de que o Facebook "se tornaria a internet dentro da internet" (será que um dia Mark Zuckerberg desistirá desse sonho?).

Apesar de avaliar como relevante a abertura da área de redes sociais para operar de forma competitiva, para mim estava claro que tais redes eram, em primeiro lugar, "Sociais", de fato - para relacionamento entre as pessoas; que também serviam como uma ferramenta individual sem precedentes para expressão e debates públicos, bem como para informação e formação de opinião. Mas, principalmente, e o mais delicado: que pertenciam a um grupo terceiro de tecnologia e mídia.

Por essas e outras, jamais, como *head* de digital do LANCE!, deveria abrir mão do ativo proprietário e da audiência que estávamos construindo a duras penas, com mais de 1 milhão de usuários e mais de 4 milhões de *pageviews* diários. Um fenômeno, à época.

Tanto é que o LANCE! chegou a liderar, por diversos meses, o *ranking* digital do IVC, que auditava os maiores portais de jornais do Brasil. Resultado de uma organização holística na filosofia de trabalho e da elaboração de um plano diretor, que culminou com sucesso em diversas ações práticas: reestruturação da equipe de produto digital; atualização de processos técnicos e plataforma de publicação; integração de tecnologias, editorial e comercial; estruturação de canais de distribuição; organização de dados e métricas, entre outras ações. Sempre dentro do escopo da mídia informativa digital, com a devida compreensão do processo de *publishing;* sempre tentando controlar as distrações fúteis.

Porém, em meio a tanto falatório, não era fácil manter o foco. Sorte que meu ex-patrão, Walter de Mattos Junior, fundador e então sócio-controlador do LANCE!, também compartilhava dessa visão. Nesse período, me ajudou a administrar parte das pressões. Sobretudo essa, em particular, de se jogar de cabeça nas redes sociais, sem uma visão crítica. A pressão era ainda mais ruidosa porque um concorrente, o Esporte Interativo, disparou em seguidores no Facebook, sustentado pelos seus ativos televisivos (direitos esportivos e canais de transmissão televisiva).

Para quem não enxergava as respectivas arquiteturas de cada negócio - e olhava isoladamente para uma rede social - a análise era totalmente distorcida, pelo simples número de seguidores. Seguramos a onda e conseguimos não desviar do caminho.

Conseguimos expor e implementar uma visão estruturada de maneira integral, que culminou no histórico ano de 2014, com o melhor faturamento de venda de publicidade e projetos comerciais da história do LANCE!. No ano da extraordinária "Copa das Copas", cerca de 60% desse resultado foi oriundo do digital.

Mas nem tudo foram flores nos meus gloriosos sete anos de LANCE!: na minha perspectiva, apesar de desenvolver uma visão estruturada para o digital, ainda assim o grupo acreditou muito no *print*. Em dose fatal. Enquanto o digital crescia firme, mesmo com um orçamento enxuto sob qualquer *benchmark*, o grupo lançou uma revista de futebol, a Revista FUT, e o Jornal Vencer, que depois "evoluiu" para o "Mais Notícias", um projeto fracassado de notícias gerais, que custou muito caro.

Com a falta de recursos, o digital estagnou. Em 2015, decidi me movimentar e sair do LANCE!. Mais tarde, em 2018, o LANCE! entrou em recuperação judicial. Posteriormente, foi leiloado e adquirido por um grupo econômico carioca em 2021, por R$ 25 milhões. A marca e a divisão digital foram o que justificaram esse montante.

Já fora do LANCE!, em 2015, vi que esse tipo de pressão estava acontecendo não só em veículos. Através do olhar da minha nova posição na FSB, a maior agência de comunicação corporativa do país, percebi que o mercado todo estava sem rumo. Não eram apenas os veículos ou agências. As marcas de absolutamente todos os setores, também sem saber o que fazer, entregavam o seu conteúdo para plataformas terceirizadas, sem pensar em uma arquitetura de mídia como um todo. No geral, apostavam em uma suposta panaceia digital, motivada por agências desnorteadas, enquanto os veículos se distraíam com novidades e não com a reestruturação profunda de modelos.

Na minha breve passagem pela FSB, entre maio de 2015 e outubro de 2016, apesar de não ter escalado a oferta de *brand publishing* na empresa por causa da conjuntura interna de então, construí quatro *cases* bacanas.

Cito dois: o primeiro, um projeto de *publishing* para a Catho, em parceria com Rafael Faro, então diretor de atendimento da FSB e hoje relações públicas com expertise em *digital publishing* no setor financeiro. O segundo, uma consultoria muito interessante para a CNI, no contexto do Portal da Indústria, em parceria com representantes da FSB Brasília. Mas o grande ativo conquistado nessa fase foi ter virado amigo do lendário Wilson Figueiredo, jornalista histórico que, nonagenário, batia o ponto diariamente na sede da FSB em Ipanema. "Figueiró", como Mário de Andrade o apelidou, completou 98 anos em 28 de julho de 2022.

Essa passagem por uma grande agência me ajudou a enxergar as oportunidades, bem como as tensões flagrantes no mercado de comunicação de marcas. Ficou mais claro para mim que a tensão pelo surgimento de um novo mundo estava prestes a explodir, pois já vinha crescendo, há muito. Em 2012, a ANJ chegou a comprar briga com o Google, alegando uma suposta apropriação indevida de conteúdo pelo buscador - enquanto as redações postavam notícias em ritmo frenético no Facebook. Mais tarde, uma resignada ANJ ampliou a queixa, agora contestando um virtual duopólio na mídia paga brasileira.

Questões como essas - algumas marginais, sendo tratadas como prioritárias; outras prioritárias, sendo tratadas como secundárias - permearam as intermináveis e impontuais reuniões dos executivos das empresas de comunicação, que não conseguiram evitar a desestruturação do mercado de conteúdo e informação.

Para piorar, enquanto os veículos percebiam que não tinham mais aquela confortável "exclusividade" à cadeia de valor do *publishing*, muitos oportunistas se aproveitaram do crescimento das redes sociais e ocuparam, indevidamente, a posição de formadores de opinião.

Afinal, os processos decisórios dos veículos de comunicação, das agências de publicidade e das marcas eram anacrônicos. Inclusive, custou empregos, resultou no encolhimento de estruturas produtivas e até em falências de veículos e agências, fruto compreensível desse rearranjo radical nas indústrias de comunicação e mídia. Que abriu um caos generalizado no processo de informação e formação da opinião pública. Que agora deve ser reestruturado por todas as marcas, de todos os setores da economia. O processo profissional de *publishing*, daqui para frente, pertence a todas as organizações relevantes, sejam elas públicas, sejam privadas.

capítulo 5

O crescimento da mídia proprietária e o resgate da valorização da fonte de informação

Como vimos nas porções anteriores, o franco rearranjo do ramo de mídia e comunicação já estava em curso desde a primeira década do século XXI. Se acentuou a partir de 2010, após a escalada dos celulares como dispositivo de mídia, combinado com a expansão da largura de banda e das aplicações das redes sociais, paralelo ao definhamento das tradicionais estruturas centralizadoras de conteúdo e informação, como mostra o gráfico do Financial Times:

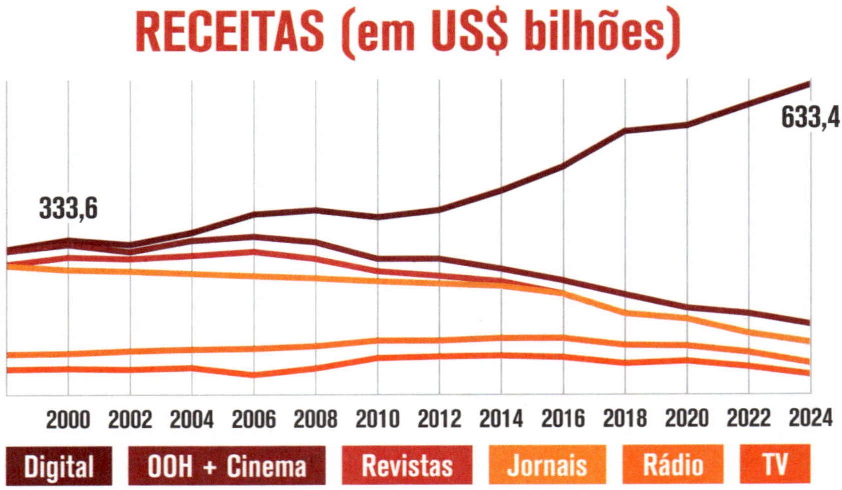

Fonte: Magna/FT

No gráfico, dá pra ver que, lá pelo ano de 2012, o negócio fica sério. O tempo de brincar de "inovador" terminou ali. De lá para cá, a comunicação digital escalou a níveis inéditos na história da humanidade, e virou o coração de todo e qualquer negócio que seja relevante.

O problema é que muitas análises como essa, hoje consideradas óbvias, passaram batidas por decisores durante toda a década de 2010. Em 2016, pouca gente deu atenção à publicação da Holmes Report que apontava a frente de mídia proprietária digital como a que mais cresceria na comunicação das marcas nos próximos anos. E olha que a Holmes Report sequer previu a pandemia de 2020, que tornou ainda mais objetiva (e dramática) essa constatação.

Na prática, essa nova fase de mercado ainda está em implementação, mas o esquema básico de *paid*, *owned* e *earned media* do século XX já evoluiu bastante. Agora ganhou contornos mais organizados e segmentados, sobretudo com a emergência da *owned media* como protagonista.

Em 2016, prestes a fundar a Barões, desenvolvi o gráfico da página ao lado, que ressalta o protagonismo da frente de *owned media*,

Fonte: Metodologia Barões

suportado por um ativo de *brand publishing*, como central para a construção de relevância das marcas. O desenho foi muito bem recebido no mercado, pois ajudou na visualização das frentes de trabalho da comunicação de marcas.

O esquema, apesar de simples, precisou ser desenhado. Afinal, a mentalidade do século XX estava (ainda está, por incrível que pareça) incrustada na mentalidade das lideranças de negócios e comunicação. A ênfase era em *paid media* (TV) e *earned media* (PR) do século XX, o que deixava para a *owned media* o papel de coadjuvante, quase sempre focada em comunicação comercial ou institucional.

Mas agora, aprofundados no século XXI, com tudo mais claro, não faz mais sentido uma marca ficar confinada a canais de terceiros, seja de forma paga, seja adquirida. O esquema da página a seguir, também desenvolvido por mim no contexto da Barões, mostra simples e graficamente a expansão da importância da Mídia Proprietária na comunicação de marcas do século XXI, paralela à fragmentação e às necessárias transformações das frentes de Mídia Paga e Mídia Adquirida:

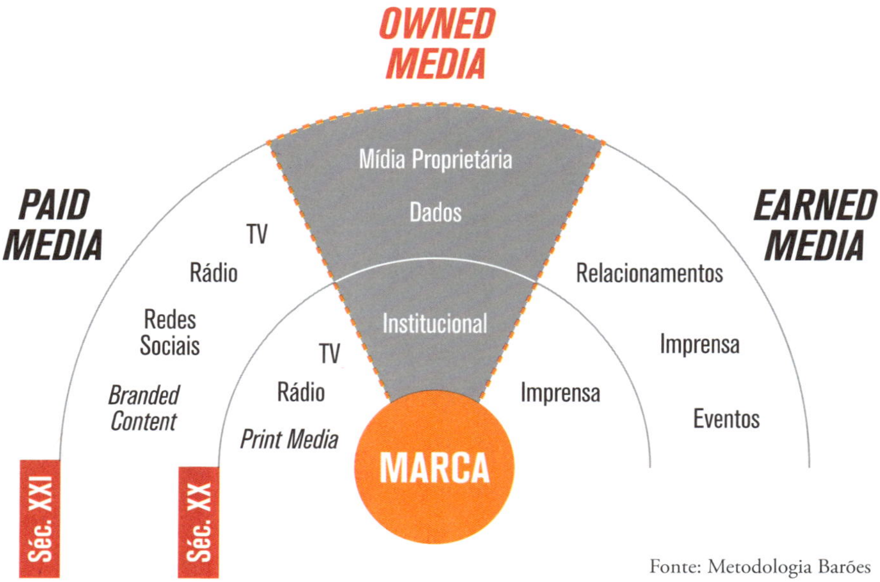

Fonte: Metodologia Barões

Daqui para frente, o portfólio de mídia proprietária das marcas tende a crescer, equilibrando esforços com *earned* e *paid media*, que por suas vezes cumprem também papéis objetivos e bem definidos, com recursos bem dimensionados e distribuídos. Esse movimento, por consequência, leva à necessidade de profissionalização na gestão e na execução de ações de comunicação.

Agora o jogo deve estar claro para as lideranças de gestão, negócios e comunicação de todas as empresas que desejam se manter competitivas no presente século. Essa camada de liderança deve compreender, com lucidez, os fundamentos do novo cenário. E derivar tal visão para toda a organização. Já os profissionais autocratas, confusos e caóticos perdem espaço no mercado. Já era hora; eles já atrapalharam muito. Assim como as agências generalistas - oriundas de *paid* ou de *earned* -, que se autointitularam "360º graus", agora vão começar a perder espaço para *pure players* focados em frentes específicas.

Costumo dizer que quem precisa ser "360º graus" são as equipes das marcas, em nível de gestão, com uma visão bem documentada para investir nos projetos mais consistentes em *paid*, *owned* e *earned*, sob um processo de otimização e retroalimentação constante, construindo para si autoridade, presença de marca, posição de formadoras de opinião e geradoras de negócios.

As marcas podem investir em autoridade sem medo, pois há esse espaço aberto. Segundo o Edelman Trust Barometer, que em 2022 chegou em sua 22ª edição, após a desestruturação do processo informacional, as empresas são os entes com maior credibilidade na sociedade atual - acima de mídia e Governo. O Edelman Trust Barometer já fundamentou, mais que fartamente, o caminho que a comunicação de marca deve pavimentar. O tempo da persuasão pura e simples ficou pra trás.

E aqui reside o foco deste livro, já caminhando para o seu tema central: a oportunidade de as marcas - organizações privadas e públicas de qualquer setor – se tornarem *publishers* relevantes em seus segmentos. Em outras palavras, o *Brand Publishing* como primeira iniciativa para o protagonismo do ecossistema de mídia proprietária no *mix* de comunicação, a fim de que uma marca consolide, no século XXI, sua posição de autoridade. E, a partir desse ativo, possa gerar dados proprietários, negócios; cultivar e expandir sua audiência proprietária legítima.

Veja bem: também vale frisar que nosso escopo é o *brand publishing* digital; plataformas proprietárias de comunicação editorial digital. Existem outros ativos proprietários de conteúdo e experiências de marcas, tais como eventos, entretenimento e até modalidades e equipes esportivas - como, no caso mais clássico do universo, o da Red Bull, *case* que será apresentado na próxima parte do livro. Por isso, do mesmo jeito que nosso recorte sobre transição midiática foi feito dentro do mercado de comunicação e mídia, no caso da mídia proprietária vamos nos ater ao *brand publishing* digital, a saber: a comunicação editorial de marcas através de plataformas digitais proprietárias.

Esse movimento, por si só, já é mais que suficiente para mudar o jogo, pois está no cerne da Sociedade da Informação. E não se restringe apenas ao processo da comunicação das marcas. Extrapola, com sucesso, para o resgate do valor da atribuição da fonte de conteúdo, como ainda veremos neste livro, em uma sociedade que chegou a perder seus referenciais de informação com credibilidade, nessa turbulenta transição entre séculos.

parte 2

BRAND PUBLISHING

capítulo 6

Marcas como *publishers*

Finalmente! Chegamos na parte central do livro. Espero que você tenha gostado da leitura até aqui. Mesmo porque a história da transição midiática é tão fascinante quanto a história da sociedade humana, pois são entrelaçadas. No século XXI, então, num entrelace definitivamente simbiótico.

Afinal, seguindo o conceito machadiano explorado no início do livro, em que o espírito humano demanda movimento, a internet - através do telefone celular - nos entregou a mídia móvel na "palma da mão" (opa, acabo por resgatar um termo muito clichê dos anos 2000). O celular é, por excelência, o meio que mais de perto acompanha a pessoa, o usuário, o leitor, a audiência, o público, *whatever*... o celular acompanha o ser humano muito além da palma da mão: entrou na vida, de forma íntima e presente, como jamais visto em outra mídia.

Isso mudou tudo, lógico. Hoje, com cerca de 8 bilhões de pessoas no planeta e um número compatível de aparelhos celulares, a forma de consumir informação se transformou de maneira essencial. Gostemos ou não, nossa geração vive em uma "atenção parcial constante", combinando um verdadeiro mosaico de informações, o tempo todo, para uma síntese individual própria (vale lembrar que a suposta displicência da "juventude transviada" da geração de James Dean também foi muito questionada em seu tempo).

Paralelo à discussão sobre qualidade da informação, as pessoas querem ser informadas pela tela do celular, no ritmo de seus pensamentos. Tenho para mim que esse foi o "xis" da questão que os veículos tradicionais não entenderam. Se entenderam, quando deram o braço a torcer, foi tarde. Muitos veículos saíram do jogo por não absorverem, de verdade, o conceito sobre o meio móvel, digital, ubíquo e permanente. Trágico: quem não domina o meio, não dissemina a mensagem.

Isto é, trágico para os editores de revistas e jornais. Aqueles que acreditavam que as novas gerações iriam assimilar e valorizar o hábito pequeno-burguês do século XX de ler a sua revista semanal na poltrona ao lado do abajur, de forma compenetrada. Ou que as pessoas continuariam achando agradável receber, diariamente, pacotes matutinos de papéis, impressos com notícias de ontem. Acreditavam que esses anacrônicos hábitos seriam fiadores para sustentação da cadeia de impressão, distribuição e leitura; que ela continuaria vigorando pelo menos por mais algumas gerações.

Só que, não por acaso, o celular, móvel e ubíquo, encontrou uma geração já devidamente preparada pelo videogame, pelos computadores e pela internet discada - frutos de um período de muita produção midiática, de caráter universal e histórico. A Sociedade do Espetáculo nos proporcionou o rico impacto de uma era "renascentista", quando a humanidade produziu obras-primas do *rock and roll*, do cinema, das artes, da literatura e do jornalismo. Produções que permanecerão para sempre na história, assim como permanecem as obras dos pintores, escultores, escritores e poetas dos séculos que compõem o período da Renascença.

Com um impacto cultural tão poderoso, as seguintes gerações adotaram a mídia digital em uma escala jamais vista. CD *player*, videocassete, videogame, computador, celular. Este último, imbatível. Nenhuma mídia cresceu tanto, em tão pouco tempo, como o celular. Nenhuma ganhou tanta capilaridade. Nenhuma combinou tão bem os diferentes formatos: a escrita, o áudio e o vídeo. Nenhuma teve um tempo médio de consumo tão intenso. Numa entrevista que fiz com Demi Getschko, em 2004 - esse pioneiro da internet brasileira, que também faz parte do Internet Hall of Fame -, utilizei essa profética análise na minha dissertação de mestrado:

> *"[o telefone celular] foi concebido para usar dedos para discar, depois boca e ouvido, e não é adequado para nada visual. O display é pequeno, o teclado é problemático; em suma, são as limitações principais. Se você pudesse superá-las por interfaces de voz, comandos de voz, você estaria indo em direção à vocação do equipamento. Outra forma seria você mudar a direção do equipamento: você teria PDAs. Se a ideia fosse preservar o equipamento, você deveria mudar a interface. Se a ideia fosse preservar a interface, você deveria mudar o equipamento. Acho que tem esse desencontro."*

Me lembro bem dessa conversa, em 14 de outubro de 2004, numa pequena sala de reunião na sede do Estadão, no bairro do Limão, em São Paulo. Pouco tempo depois, em 2007, equipamento e interface se encontraram, sobretudo com o lançamento do iPhone. A partir desse marco, a jornada do celular enquanto dispositivo de mídia se tornou avassaladora; os novos formatos começaram a se estabelecer.

O crescimento exponencial de uma nova mídia foi o ambiente perfeito para os novos costumes e formatos: notícias rápidas, links com manchetes bem informativas, memes, vídeos curtos. A mensagem finalmente estava adequada ao meio.

Porém, claro que, como em todo processo de transição, as mudanças não foram fáceis assim. Até o dia de hoje, ainda há tentativas agressivas de empurrar a comunicação persuasiva para interromper o consumo de vídeo no celular, por exemplo. Ainda há uma teimosa tentativa de se produzir textos de revistas para pessoas lerem no celular. Para muitos, ainda não há um entendimento claro da relação entre o factual, o perecível e o permanente, o *"evergreen"*, com linguagem e forma adequadas, em um meio digital móvel.

Com todas essas e outras confusões conceituais, as estruturas e mentalidades das redações tradicionais ficaram *démodé*, bem como os seus modelos de negócios; inclusive, a publicidade. As campanhas derivadas do "off-line" e os *"banners"* que ninguém enxerga não foram suficientes para sustentar o moribundo modelo.

Por isso que, durante alguns anos, no meio desse terremoto, os oportunistas nadaram de braçada. Redes de *fake news* entenderam melhor a dinâmica do novo sistema de informação que grupos de mídia tradicionais. Aproveitando-se desse *generation gap*, *influencers* captaram muito melhor essa dinâmica do que empresas de comunicação.

Uma vez que a nova realidade foi estabelecida na marra, as marcas começaram a entender que a mídia paga tradicional não era mais suficiente. A audiência não estava mais disposta nem disponível - pelo menos, não como no século XX - a assistir aos intervalos comerciais. Estava muito mais crítica, inclusive, para questionar - por meio das redes sociais - as inconsistências das campanhas publicitárias. A marca poderia ter todo o dinheiro do mundo: a campanha da TV não seria aquele sucesso de outrora.

Numa reunião, em janeiro de 2021, presenciei um bem-sucedido e renomado empresário brasileiro do ramo da moda desabafar que não entendia o que estava acontecendo. As lindas campanhas de TV que as suas marcas costumavam fazer já não davam mais resultados. Senti nele certo ar de exasperação, de quem sabe que precisa respirar fundo para recolocar em perspectiva seus conceitos de comunicação de marca.

Já em outra frente, as assessorias de imprensa e as empresas de relações públicas começaram a ter que descobrir outros papéis. Não podiam mais viver de mandar pautas proativas para falarem bem dos serviços e produtos de seus clientes. O enxugamento das redações não permitia mais esse luxo. Agora o trabalho havia se tornado muito mais tático; de relacionamento, de fato, com as estruturas de mídia tradicionais, mas também com outros canais, agentes e personagens. As fragmentadas notinhas começaram a dar lugar a mensagens assertivas, com objetivos específicos para esclarecimentos de fatos. Quase não sobrava espaço para promoção.

Somando-se o ambiente de erosão dos veículos e dos modelos tradicionais de comunicação à expansão imensurável do hábito de consumo de conteúdo pelo celular, ficou bem claro para as marcas que elas também precisavam entrar no jogo da informação.

As marcas não poderiam continuar como um ente passivo, um ícone promovido através de mídia de terceiros, pintadas de forma fragmentada como consultoras/fontes em pautas alheias relacionadas aos seus temas. Agora a marca tem a oportunidade e o dever de construir sua própria audiência, em sua própria plataforma, com sua própria estratégia de comunicação editorial, inclusive.

É preciso e é lógico fazer esse movimento. Até porque a comunicação persuasiva e promocional, que obviamente continua fundamental, deve ser preservada para campanhas e momentos realmente necessários. As assessorias de imprensa, que tiveram a agenda promocional esvaziada, têm agora outras atribuições de relacionamento, mais sofisticadas.

Além do flagrante rearranjo, há a necessidade de ocupar o espaço de oportunistas e produtores de *fake news*. Daqui para frente, as marcas relevantes são cada vez mais necessárias para compor a oferta de serviços de conteúdo e informação com procedência, devidamente chancelada, com respaldo técnico e muito bem fundamentada. E muito bem distribuída, com impactos inquestionáveis na transformação dos negócios, da comunicação das marcas, e da sociedade como um todo.

Por isso, como vamos ver em *cases* nas próximas páginas, as marcas já entraram no jogo do *publishing* proprietário. Soa até óbvio demais: na Sociedade da Informação, as marcas que têm autoridades técnica, comercial e conceitual devem virar um *publisher* legítimo de seu segmento. A rentabilidade e a visibilidade do investimento em comunicação editorial vão se transferir, em boa parte, para a mídia proprietária, naturalmente. Para uma marca relevante construir para si uma audiência robusta, com processos de produção, curadoria e distribuição de conteúdo bem resolvidos, sob uma plataforma proprietária que reforce, inclusive, a vocação para a transparência.

Como efeito colateral positivo, o *brand publishing* editorial ainda ajuda a mitigar as fontes apócrifas, oportunistas e desqualificadas. A professora Dra. Pollyana Ferrari, autora sobre novas mídias, deu uma entrevista, em maio de 2019, para o Brand Publishing Brasil, *hub* editorial da Barões, sobre um aspecto da relação entre *fake news* e a estratégia de *publishing*:

> *"As redes sociais encurtaram o caminho da comunicação entre a marca e o consumidor. Então, se tornar publisher é uma ótima estratégia, pois a marca já cultiva um canal de diálogo direto com os consumidores e ganha agilidade para se defender, em um eventual problema envolvendo fake news."*

Pollyana é autora do livro "Como sair das bolhas", que aborda frontalmente o fenômeno das *fake news*. Vale o aprofundamento, não só para a compreensão do fenômeno, mas também do fundamental processo de educação midiática. Na mesma entrevista, Ferrari alega que a educação midiática já é uma matéria indispensável nas educações executiva e profissional; demanda que atinge toda a sociedade:

> *"[...] tudo isso será insuficiente se não houver educação e mudança de comportamento. Ou seja, é preciso ter educação midiática dentro das empresas. Com formação de consumidores conscientes e capazes de checar, antes de compartilhar - seja uma informação corporativa, seja pessoal."*

Este livro que você tem em mãos também é um esforço nesse sentido, pois tem o objetivo de ajudar na educação midiática de atuais e futuros líderes de gestão, negócios e comunicação. A leitura integral do mesmo vai contribuir, com certeza, para sua clara compreensão da transição midiática e do *brand publishing* editorial.

Pois, como já aprendemos bem no capítulo anterior, a transição midiática não é nova debaixo do céu. Nada é, como escreveu o autor de Eclesiastes. Então, lógico, *brand publishing* também não é de hoje. O *brand publishing* digital, tema do nosso livro, até pode ser considerado uma "velha" novidade - só que agora em uma escala muito maior.

A outra transição midiática, a do século XIX para o XX, também abriu oportunidades para as marcas operarem seus próprios veículos. Na maioria das vezes, sob o então disruptivo formato Revista, como a The Furrow, da John Deere, no século XIX. Não quero ser repetitivo nesse caso, pois é um clássico da literatura de *content marketing* e está a um clique de uma pesquisa na internet. Mas o fato é que a The Furrow cumpriu um papel importante de agente de informação nos campos agrícolas americanos. A The Furrow ficou conhecida como a Rolling Stone do fazendeiro americano.

Jorge Florêncio é gerente de marcas da Cooxupé, cooperativa de café sediada em Guaxupé, nas Minas Gerais. O executivo, um exímio líder de comunicação do setor, foi entrevistado para este livro. Em nossa conversa, Jorge também falou sobre o caso da John Deere:

> *"Já estudei muito esse caso. A proposta da marca sempre foi levar ensinamento ao campo; levar informações, ensinar o jeito de usar o trator, o jeito de arar a terra. Foi muito emblemático esse movimento. Desencadeou uma presença de marca com um portfólio enorme de produtos, que os Estados Unidos inteiro compravam. Desde o tratorzinho de brinquedo da marca à botina, ao chapéu..."*

Depois da The Furrow, um sem-número de revistas, jornais e eventos proprietários ocuparam posições relevantes: McKinsey Quarterly Review, HBR, Coca-Cola, Audi, publicações de companhias aéreas, de redes de hotéis - praticamente, todos os setores tiveram *cases* de sucesso de *brand publishing* "raiz", adequados à Sociedade do Espetáculo.

A própria Cooxupé tem seu *case* de *brand publishing* impresso saudável até hoje, a "Folha Rural", jornal mensal fundado em 1970. Desde 2021, a Cooxupé também já se posiciona como um *brand publisher* bem-sucedido no meio digital. Esse movimento será explicado no *case* "Hub do Café", logo mais.

Pouco a pouco, as marcas líderes em seus segmentos começam a entender que, com a Sociedade da Informação, a escala mudou radicalmente. E os modelos também. Se antes a marca adicionava um veículo impresso ao segmento, agora ela ocupa um espaço vago, deixado por uma revista especializada ou editoria de jornal. Espaço de estruturas que não têm mais a capacidade operacional de cobrir, com profundidade, o tema da marca.

Claro que, como será discutido na terceira parte do livro, muitos *publishers* puros não vão vigorar. Os relevantes, claro, vão encontrar os seus modelos. Pois representam um olhar teoricamente independente, com capacidade de congregar vozes distintas, e têm como foco o *hard news* - a cobertura factual cotidiana, um serviço fundamental. Esses serão financiados pelo mercado, por causa do real valor que geram ao segmento.

Já os ativos de *brand publishing* do setor tendem a atuar como curadores e produtores de informação editorial, com análises de tendências e exposição de informações relevantes em seu setor de atuação, sob a chancela de uma marca - marca que precisa ser autoridade reconhecida em seu setor, com propósito claro para a sociedade.

A combinação dessas estrelas numa "nova galáxia de *publishers*" (tomo aqui a liberdade para parafrasear Manuel Castells), assim como a legitimidade do *brand publishing* enquanto jornalismo especializado, será um tema discutido na terceira parte.

O que já permito-me concluir é que, de fato, uma marca relevante na sociedade e no seu segmento não pode se dar ao luxo de ficar fazendo vídeos de 30" ou 1' para a TV. Não pode depender apenas das notas positivas da imprensa independente - até porque a imprensa não é mais a mesma. E mais: pelo menos no seu setor, ela tem a oportunidade de assumir o compromisso com a sua indústria, seu consumidor e a sociedade; de prestar um serviço de informação qualificado. E contribuir para o combate às *fake news*.

Em resumo, se tornar um *think tank* do seu setor. Liderar não simplesmente pela quantidade de dinheiro despejado na mídia paga mas, sobretudo, pela capacidade de informar e formar a opinião de suas audiências, de modos competitivo e profissional. Quando ela faz esse movimento bem feito, sua comunicação editorial dá um salto e sobe para a arena de *publishers* especializados, com conteúdo relevante para uma audiência muito maior, como na figura a seguir:

Fonte: Metodologia Barões

capítulo 7

Ecossistema de mídia proprietária e mentalidade de *publisher*

Para se tornar competitiva e profissional em *brand publishing*, a marca deve ser madura em comunicação editorial. Não dá mais para viver de ideias esparsas ou, ainda pior, sair produzindo conteúdo a torto e a direito, sem saber ao certo o que está fazendo. Foi-se o tempo de publicações em *blogs* inconsistentes, ou de depender apenas dos informes publicitários fragmentados em portais de terceiros (modalidade atualmente conhecida como "*branded content*").

A questionável prática do *inbound marketing* superficial, com conteúdo publicitário se passando por editorial, se desgastou. Os *blogs* automatizados, focados em geração de *leads*, se provaram disfuncionais. O *"content marketing"*, também cunhado em inglês (assim como "internet" e *"brand publishing"*), se mostrou muito amplo e precisou ser lapidado ao longo do tempo. O clássico gráfico Hype Cycle (ao lado), da Gartner, publicado lá em 2018, já mostrava que o marketing de conteúdo, aparentemente, estava saindo da curva de desilusão, após mais de uma década de mau uso do conteúdo digital por parte das marcas.

Desde então, em tese, finalmente passamos pelo *hype*, pela curva de desilusão e entramos no platô de produtividade. Tanto é que o *"content marketing"* já saiu do tal Hype Cycle a partir da versão de 2019. Pois o avanço no "platô de produtividade" significa que a "ficha caiu" (o público "orelhão" tinha que receber uma homenagem neste livro, claro).

Não é mais permitido ficar na superfície. A lógica do *brand publishing* é diferente da lógica da mídia paga ou da assessoria de imprensa. É preciso profissionalizar essa frente de trabalho - afinal, os processos de comunicação de marca evoluíram. Por isso, trabalhar com comunicação editorial requer maturidade. Não há mais espaço para amadorismo, sob pena da perda completa de tração, que prejudica os negócios; ou, ainda pior, provoca a eclosão de crises profundas e desnecessárias por pura falta de reflexão. As marcas agora também precisam pensar como *publishers*, não mais exclusivamente como anunciantes.

Um dos entrevistados para o livro foi o Joe Pulizzi, um dos pioneiros e talvez o maior guardião do conceito de *"Content Marketing"*, em nível profissional, desde o início do século XXI, quando fundou o Content Marketing Institute. Há mais de duas décadas Pulizzi vem chamando a atenção das marcas para a profissionalização da mídia proprietária e da comunicação editorial.

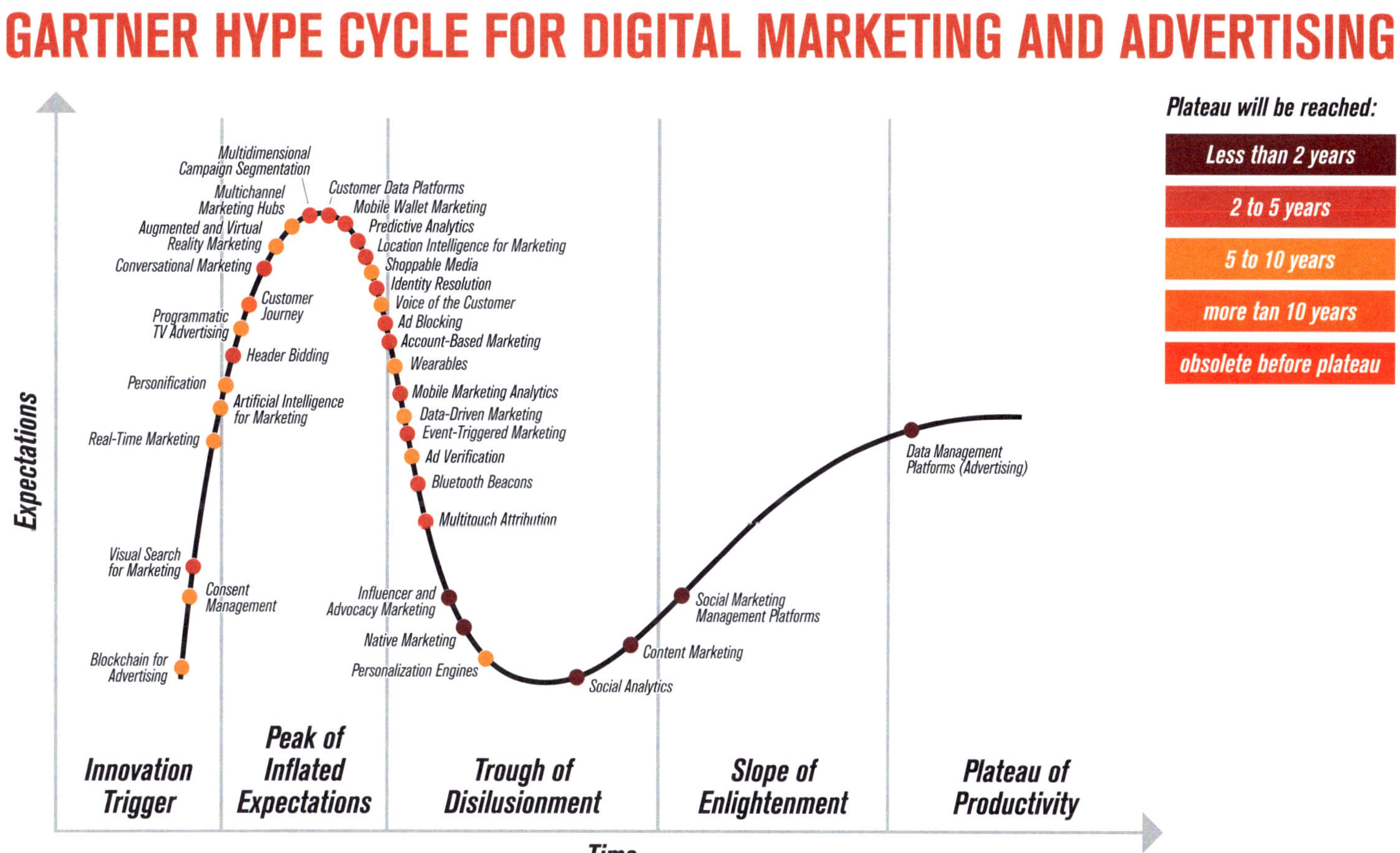

Fonte: Gartner

Em nossa conversa por Google Meet, ele destacou, de seu *home office* em Cleveland, nos Estados Unidos:

> *"Muitas empresas não percebem que toda empresa é uma empresa de mídia e um provedor de produtos e serviços, ao mesmo tempo. Nos EUA, por exemplo, qual é a diferença entre a Red Bull e o NYT? As duas provêm informação e vendem produtos e serviços. Os processos são os mesmos. Percebemos que empresas de mídia são diferentes, mas essa é uma percepção apenas baseada no que aconteceu no passado. No futuro isso não vai acontecer: departamentos de marketing vão ter de atuar como publishers legítimos."*

As décadas de esforço do Pulizzi não foram em vão. Além de construir uma carreira bem-sucedida fomentando o debate sobre *"content marketing"*, a visão de Pulizzi influenciou profissionais em todo o mundo, como o Cassio Politi, fundador da Tracto Content Marketing, que fez a ponte com o Joe e também participou dessa *call*, em 30 de novembro de 2021.

A Barões também se juntou a esse *front* de educação em transição midiática e *brand publishing* e, em 2020, propôs uma ferramenta para reflexão acerca da evolução e dos desdobramentos do ubíquo *"Content Marketing"*. Ainda na primeira e assustadora onda de contaminação pelo coronavírus, lançamos o documento "Pirâmide de Maturidade do Marketing de Conteúdo" (ao lado), para conceituar e esclarecer as disciplinas de comunicação editorial das marcas.

Apesar de tentador, não quis me arriscar no autoplágio, pois já escrevi e falei muito sobre essa pirâmide. Então reproduzo a explicação a seguir, extraída do artigo "Brand publishing requer maturidade de conteúdo", que publiquei no portal Meio & Mensagem, no dia 12 de agosto de 2021:

PIRÂMIDE DE MATURIDADE DO MARKETING DE CONTEÚDO

Fonte: Metodologia Barões

"A tal pirâmide é intuitiva e autoexplicativa, mas vale a pena tecer alguns comentários para uma melhor compreensão sobre os conceitos envolvidos. Em sua base está o genérico marketing de conteúdo, que é uma disciplina universal. Toda marca, mesmo as que não são autoridade, deve dominá-lo. Um e-mail de vendas, por exemplo, é marketing de conteúdo por definição. Essa definição vale, por exemplo, para um post em redes sociais (que são plataformas de terceiros, é bom ressaltar). Não há diferencial e a prática, infelizmente, se tornou desgastada com ações de inbound marketing sem critério, sobretudo no início da década de 2010. Subindo um pouco na pirâmide, marcas blogueiras geralmente priorizam a comunicação de vendas em uma plataforma limitada, muitas vezes misturada com a comunicação institucional, sob uma estratégia de geração de leads que muitas vezes perde o ritmo. Além disso, o processo nesta camada da pirâmide ocorre de maneira linear e cronológica,

sem o foco em uma experiência rica de consumo de conteúdo digital, desprezando, assim, o potencial de análise de dados que uma plataforma mais completa permitiria. Subindo mais um nível, aparece o branded content. Ou seja, a mídia paga. Não estamos falando de mídia proprietária, e sim do funcional informe publicitário, divulgado em plataformas de terceiros, que não gera dados e não é perene para indexação. Por mais que ajude em campanhas, o branded content jamais será um ativo proprietário da marca anunciante. No topo da pirâmide temos a estratégia de brand publishing. Plataforma proprietária, combinada com um programa permanente de conteúdo, distribuição orgânica e paga, construção de audiência e coleta de dados primários. Do topo ao fundo do funil, podendo integrar-se às camadas inferiores da pirâmide – incluindo aí o branded content, que pode ser um mecanismo para transformar a audiência de terceiros em audiência própria. Tudo somado, vale lembrar que, para estruturar este tipo de ativo, as marcas precisam, além de compreender o processo como um todo de maneira holística, se imbuir do espírito de martech de mídia proprietária — com visão de processo contínua, distribuição, escalada de audiência, integração às bases de relacionamento e habilidade de tratamento de dados. Inclusive, com capacidade de integração às disciplinas de Mídia Paga e Mídia Adquirida, para otimização dos resultados. A diferença, daqui para frente, é que a Mídia Proprietária se torna protagonista, pois vivemos em tempos de Lei Geral de Proteção de Dados e de um futuro cookieless. Essa nova realidade exige das marcas relevantes um novo grau de maturidade em sua estratégia de conteúdo, para o desenvolvimento de sua posição (e vocação) de publisher setorial."

Note que faz tempo que bato na tecla da maturidade da marca. Pois não dá mais para enxergar a mídia proprietária como um balaio de gato e fazer um site institucional desnecessariamente técnico e detalhista. E, ato contínuo, enfiar nele *blogs*, aplicações transacionais e tudo mais. É preciso pensar como uma *"martech"* (ou *"mediatech"*, *whatever*) detentora de uma arquitetura completa de mídia proprietária, com um ecossistema de ativos digitais vocacionados para diferentes funções, a saber:

- Um adequado site institucional para comunicação sobre empresa, produtos, serviços e suas relações com investidores e comunidades;
- Se for o caso, um site transacional (como *e-commerce*, *banking* e serviços), que, dependendo da dinâmica e pertinência, pode até se tornar um aplicativo;
- Uma propriedade de comunicação editorial, em nível profissional, com vocação para consumo de informações, notícias e análises, integrada aos negócios, ao ecossistema de mídia proprietária e com as demais frentes de *paid* e *earned media*;
- Um aplicativo, caso realmente pertinente, para uma experiência que *realmente* supere o *browser* (vale observar que poucos aplicativos alcançaram esse patamar);
- Qualquer outro ativo que realmente faça sentido enquanto mídia proprietária (por exemplo, um serviço de *streaming* de vídeo em nível profissional, caso a marca invista em direitos de transmissão).

Esse ecossistema de mídia proprietária estará integrado entre si e outros sistemas, novos ou legados da própria organização. Além da integração estratégica em todos os níveis, o ecossistema deve pertencer aos domínios da marca e ser integrado via dados primários. Todo ponto de contato digital deve ser vocacionado, cada qual com um ótimo nível de experiência para o cliente e de retorno de investimento para as marcas.

Costumo fazer a direta analogia entre ativos digitais e ativos de concreto, em que o site institucional seria o escritório da *holding* de um grupo e os demais *hubs,* os pontos de contatos que proporcionariam ótimas experiências para os consumidores e públicos de interesse de uma marca. Cada ativo de mídia proprietária é um *"real estate"* da marca, porém digital.

A imagem a seguir ilustra, de maneira lúdica, essa visão dos ativos de mídia proprietária enquanto *"real estate"* digitais, que geram valor objetivo para a marca por serem situados nas melhores avenidas do território semântico dela, sendo referências com grande visibilidade nas vias digitais:

Fonte: Metodologia Barões

A partir do momento que a marca dominar o conceito de "ecossistema de mídia proprietária", de verdade, vai estar finalmente preparada para extrapolar, de forma estruturada e ao longo do tempo, novos negócios digitais, de novos *"real estate"* digitais. Até mesmo outros ativos proprietários não necessariamente digitais (tais como eventos e experiências). Com uma cabeça de dono da propriedade, Richard Oppy, VP Global de Marcas da AB InBev, foi lapidar, em uma entrevista para o portal AdExchanger:

> *"Agimos mais como publishers do que como anunciantes tradicionais."*

Oppy explica no artigo que a expertise de *publisher* é um dos quatro pilares da comunicação das marcas do conglomerado de bebidas. Essa objetividade translúcida é o primeiro passo para organizar a abordagem digital como um todo. Sem o entendimento e o devido mapeamento do ecossistema de mídia proprietária, será virtualmente impossível uma marca integrar novos canais e novos negócios digitais de maneira organizada. Entender os ativos digitais proprietários é vital não apenas para a comunicação na próxima década, mas sobretudo para os negócios, on-line ou off-line (para refletir: será que ainda vale insistir nessa diferenciação?).

No Brasil, algumas organizações já têm essa abordagem amadurecida. É o caso da ENGIE Brasil, que será *case* neste livro. Leandro Provedel, *head* de marca do grupo, certamente é um dos profissionais mais hábeis em transição midiática. Inclusive, vale dar o crédito: o termo "transição midiática" é derivado da "transição energética", tecnológica e semanticamente. O time de Leandro, integrado ao grupo todo, liderou o lançamento do *hub* Além da Energia, em abril de 2020. O executivo atesta a importância de desenvolver a mentalidade de *publisher* na organização:

> *"[...] não por acaso, o nosso grande movimento foi o de nos tornarmos uma marca publicadora. Até então, o ecossistema de comunicação estava sendo construído com as ferramentas disponíveis. Mas, em 2019, a gente descobriu o brand publishing e notou que era a peça que faltava no quebra-cabeça. Aí foi importante entender o processo para ter a mudança de mentalidade. Diferente de ser um contratante de mídia ou um orientador de assessoria de imprensa, você tem que pensar diferente, tem que pensar como publisher de conteúdo editorial."*

Leandro ressalta que, além dos aprendizados técnico e corporativo que o *brand publishing* proporciona, ele estabelece a marca como um *think tank* do setor. Assume lugares hoje abandonados pelos *publishers* setoriais que perderam fôlego, ou pelas editorias de *publishers* generalistas, que não conseguem se aprofundar com qualidade em verticais.

Ao ocupar um espaço de *publisher* de conteúdo e informação, também se mitiga a ação dos oportunistas e mal-intencionados de plantão. Por isso o *brand publishing* cumpre um objetivo duplo, considerando o atual mapa da mídia: o de fortalecer a reputação e a autoridade da marca, e o de posicionar um novo ativo editorial - com procedência e qualidade atestadas - no novo ambiente de meios de comunicação. Leandro destaca que, mais do que o total domínio técnico dos processos, a marca tem de ter autoridade reconhecida no setor:

> *"Quando nós entendemos que brand publishing era a ferramenta que faltava para nós, e que ela poderia integrar e aprimorar as demais frentes, concluímos que deveríamos entrar de cabeça, a partir de uma posição de autoridade, de fato; de uma empresa que se propõe a liderar a transição energética, globalmente. Por isso sabíamos que estávamos prontos para ser um brand publisher da nossa indústria."*

Sobre autoridade, aliás: sempre sou questionado se uma marca tem credibilidade para ocupar papel de *publisher*. Além da frase do Leandro sustentar que sim, essa credibilidade está empiricamente validada. Além das informações anuais da Edelman que atestam a credibilidade das marcas, é só ler atentamente os *cases* elencados neste livro.

Afinal, uma marca com autoridade, ao assinar um *hub* de conteúdo, está contribuindo para a valorização da atribuição, da origem do conteúdo. Ou seja, resgatando o valor das fontes de qualidade. Resgatando os critérios de transparência e posicionamento editoriais consistentes. Por isso, gosto de frisar: não é recomendável a um projeto de *brand publishing* ser apócrifo. Não é saudável para o amadurecimento do novo panorama de *publishers* setoriais, que agora contam com a participação das marcas.

Essa discussão nevrálgica sobre a legitimidade da comunicação editorial das marcas como jornalismo especializado será tratada com mais atenção na parte três deste livro. Que faz-se necessária, até porque o *brand publishing*, em escala, vai ajudar a mídia tradicional ou "independente" a se fortalecer, a assumir posições mais claras e a se tornar um agente com nítida geração de valor para seu setor e público.

Não me aprofundei na questão ética dos veículos do século XX, mas convenhamos que emissoras de TV, jornais e revistas serviram muitas vezes como *"unbranded publishing"* de governos, políticos e marcas, sem o claro posicionamento - o que é um erro gravíssimo, diante dos conjuntos de valores da sociedade atual.

Para quem quiser fazer essa exegese, sugiro começar com "Notícias do Planalto", de Mario Sergio Conti, para entender como essa dinâmica de falta de transparência prejudicou, em definitivo, os debates político e social no Brasil. Ou então, para buscar um panorama internacional em seu nível mais elevado, ler "O Reino e o Poder", de Gay Talese.

Mas voltando à vaca fria: como o *brand publishing* já tem ajudado a resgatar o valor da fonte de conteúdo, é inexorável o caminho das marcas fortes em serem *publishers* verticais. Como estamos em um momento de reestruturação nua e crua dos meios de comunicação, tenho claro para mim que nessa década teremos uma nova galáxia dos meios de comunicação, de que falaremos mais na terceira parte deste livro.

Teremos as mídias tradicionais e/ou independentes mais fortes, sejam elas segmentadas ou não, a gerarem valor claro com suas coberturas, seus eventos e suas ações. Junto a elas, marcas líderes de todos os setores aprofundando em verticais específicas, também cumprindo os seus papéis de publicadores de conteúdos informativo, analítico e opinativo. De maneira profissional, em escala, para audiências relevantes e competitivas em seus respectivos segmentos.

Tanto é que vamos ver alguns bons *cases* de comunicação editorial digital e proprietária, de marcas relevantes, no próximo capítulo. Todos com uma visão bem estruturada do processo profissional de *brand publishing,* disciplina que tem ganhado escala e já tem sido tratada com foco e excelência por marcas fortes em seus segmentos.

capítulo 8

Sobre *cases* e metodologia

A leitora ou o leitor deve estar de acordo comigo: chega de teoria de comunicação e mídia. Acho que já apresentamos o nosso ponto. Finalmente entramos na execução. Vamos trazer objetivamente *cases* nacionais e internacionais, bem como falar, passo a passo, sobre a metodologia para implementação desse tipo de projeto.

Para quem gosta mais de teoria e história da comunicação, esta porção do livro pode soar um pouco mais técnica, sobretudo a parte referente à metodologia. Mas é importante capturar a essência do método para entender os *cases* com mais clareza. Prometo tentar facilitar e trazer um *overview* com viés mais executivo. Inclusive, procurei escrever os *cases* combinando diferentes aspectos entre eles, para os próximos capítulos não se tornarem uma enfadonha leitura de manual.

Até porque este livro é escrito para profissionais que lideram e vão liderar a gestão, os negócios e a comunicação das marcas. Profissionais que precisam se preparar, cada vez mais, para os desafios da década. Como já defendemos lá atrás, profissionais de gestão, negócios e comunicação, independente do setor em que atuam, precisam entender o processo de transição midiática e seus novos modelos.

Se por acaso um CEO ou um líder de negócios não souber como operar na Sociedade da Informação, ele coloca em perigo sua própria empresa. CEOs que negligenciam a transição midiática negligenciam sua marca, seu próprio negócio. Primeiro, pelo risco aumentado de decisões desastrosas. Segundo, pelo risco de contratar profissionais de comunicação que, por preguiça ou alienação, ainda não perceberam que o mundo mudou.

Por outro lado, se um mau líder de negócio tirar a sorte grande e conseguir contratar profissionais lúcidos para a comunicação da marca, estes últimos vão entrar em uma fria, pois terão que enfrentar muitos obstáculos para conseguir executar as ações fundamentais.

No melhor dos casos, será um processo desnecessariamente difícil e irritante. Dependendo de quão negativa for essa dinâmica, ela pode custar a saúde mental de executivas e executivos de comunicação. Afinal, em uma estrutura com líderes ignorantes acerca de transição midiática, o melhor a fazer é voltar para a infinita *highway* tão logo possível.

Por outro lado, quando CEOs, diretores, gestores e líderes de negócios dominam o conceito de transição midiática, tais profissionais procuram entender os processos para promover a visão certa, ajustar a cultura de trabalho e, por fim, empoderar um time de comunicação à altura dos desafios da comunicação e do marketing de uma marca.

Profissionais que vão, de fato, estabelecer uma nova cultura de trabalho na comunicação e no marketing, indo muito além da criatividade ou de versões finais de produtos. Muito além da interface que, quando pronta, parece simples, mas que carrega em si o domínio de processos e das diferentes frentes e etapas de trabalho.

Convenhamos, não há mais tempo para ingenuidade: agora, mais do que nunca, tal realidade precisa ser compreendida e dominada pela liderança de toda empresa que opera no século XXI. É esse tipo de abordagem, consistente e consciente, que vai transformar digitalmente uma organização, tendo a comunicação de marca como a face mais visível dessa transformação.

Não por acaso que Laura Lopes, gestora de conteúdo do QuintoAndar, considera a "consistência" o fator-chave para a comunicação digital e, em particular, para o *brand publishing* editorial.

Laura, que se formou em jornalismo pela ECA-USP em 2006, passou por redações clássicas, sobretudo de portais como Terra e Revista Época, mas logo migrou para o conteúdo de marcas, em nível profissional, e hoje lidera a frente de *brand publishing* do QuintoAndar. Vamos trazer esse caso nas próximas páginas, mas vale já reforçar que Laura tem a palavra "consistência" como elemento central em seu papel como *brand publisher*:

> *"A gente precisa ter consistência. Não adianta publicar 100 conteúdos em um dia só. Do mesmo jeito que um jornal precisa ter atualização todo santo dia, o brand publishing também precisa de consistência - com volume, frequência e distribuição determinados. Do contrário, estamos fazendo como anunciantes. Então, para operar um projeto de brand publishing, precisamos de consistência. Essa é a palavra mais valiosa, porque é o atributo mais difícil de conquistar. Eu acredito na potência da criatividade com consistência."*

Concordo, a palavra-chave é "consistência". O trabalho diário e multidisciplinar é intrínseco à comunicação, ao marketing e aos processos de mídia de uma marca. O processo organizado favorece também a criatividade, claro, sem perder a visão de integração das frentes de mídia paga, proprietária e adquirida (ou *paid-owned-earned*).

Afinal, como já pincelado anteriormente, a tal equipe "360º graus" não deve ser das agências de comunicação ou publicidade, mas sim dos gestores de negócio e comunicação da marca.

Esse time deve entender a dinâmica da comunicação contemporânea, para organizar as frentes de *paid*, *owned* e *earned media*, tendo como método a integração de ações para maximizar resultados. Como especificado no triângulo a seguir:

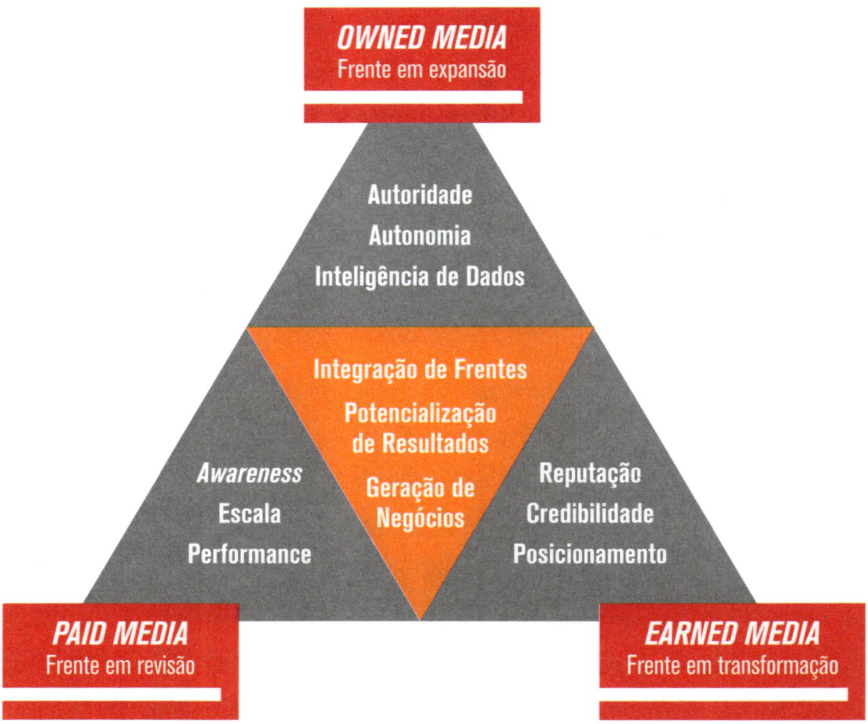

Fonte: Metodologia Barões

Com consistência e com a devida organização, o projeto de comunicação editorial proprietário naturalmente terá protagonismo na frente de *owned media*, pela capacidade de gerar *awareness*, fortalecer a reputação de autoridade, estabelecer rotinas de tratamento de dados primários e, por consequência de tudo isso, gerar novos negócios e valores a partir da construção, ao longo do tempo, de uma audiência relevante, competitiva e proprietária. Recorro de novo à Laura, na conversa que tivemos para o livro, em 22 de fevereiro de 2022:

> *"Tem que ter consciência de que o resultado não é imediato. É parte importante da construção de autoridade, da construção da marca, do fortalecimento da reputação. Não deve estar apenas associado à audiência pura e simples, tem que estar associado à construção de marca mais ampla."*

Assim como o time de Laura, a equipe de uma marca *publisher* terá que ser o elo da gestão entre o fornecedor ou os fornecedores do *publishing*, com TI, RH, Negócios e a alta Administração. Afinal, o projeto de *brand publishing* de conteúdo editorial, uma aplicação dessa transição midiática, tem que ser integrado técnica e culturalmente à organização, como um todo. Não se pode cometer novamente o erro de isolar projetos de comunicação dentro de feudos. Afinal, o feudalismo, em tese, já acabou faz tempo.

Não por acaso, os casos que veremos neste livro têm em comum as premissas de "consistência" e "integração". Seja pela longevidade (afinal, comunicação editorial digital e proprietária é um caminho inexorável), seja pela adoção dos critérios de implementação com a visão do todo: plataforma, conteúdo, distribuição, audiência, dados, métricas e resultados. Todas adotaram um processo organizado por meio dessas etapas, que serão detalhadas na parte de metodologia:

ETAPAS DE TRABALHO *BRAND PUBLISHING*

Fonte: Metodologia Barões

Ou seja, o *brand publishing* é encarado como uma disciplina que envolve uma cadeia de valor completa, que aborda toda a logística da comunicação editorial, muito além do conteúdo. *Publishing*, até pelo anglicismo desconfortável, é um termo complicado de traduzir, tal como marketing. Ambos são gerúndios em inglês que se tornaram substantivos. Ambos implicam na administração de uma cadeia de valor como um todo. No caso de marketing, da produção ao mercado; no caso do *publishing*, do conteúdo à audiência. A jornalista Camila de Lira percebeu essa relação semântica e técnica entre os termos Marketing e *Publishing* ao fazer uma reportagem sobre *brand publishing* para a *newsletter* Morse, em um artigo no qual fui fonte. A edição de agosto de 2021 tinha o tema "a era dos novos *publishers*", e a sagaz jornalista cravou: *"Publishing is Marketing"*.

capítulo 9

Cases

Antes de entrar na indefectível metodologia de *brand publishing* editorial, vamos falar de *cases*. Pois um *case* publicado e bem operado é a face visível de todo o processo de *brand publishing*, que vai muito além do conteúdo. Também passa, obrigatoriamente, pelo adequado planejamento; pela plataforma proprietária arquitetada, implementada e evoluída em nível profissional; pelas etapas de gestão, edição, produção e curadoria de conteúdo; e pela frente de distribuição, que deve alcançar a excelência para gerar resultados e novos processos vitais, como tratamento de dados primários.

Todos os elos da cadeia de valor de um projeto de *brand publishing* serão esmiuçados no próximo capítulo. Passo a passo, prometo apresentar, com razoável nível de detalhes, todas as camadas da metodologia profissional de *brand publishing*. Mas antes, para o bem do ritmo de leitura, vamos ilustrar o processo com *cases* de sucesso de mercado, tanto de empresas globais, como brasileiras. Tanto de clientes da Barões, como de empresas que utilizam outros recursos.

Os *cases* são listados pelo critério de longevidade, dos mais antigos para os mais recentes. Em cada *case* são analisados aspectos como posicionamento editorial e integração às estratégias de negócios e comunicação - como, por exemplo, a qualificação do tipo de audiência. Em tempo: apesar da utilidade dos consagrados termos *Business to business* (B2B) e *Business to consumer* (B2C), faço aqui um parêntese importante: no final, tudo é B2P. "P" de Pessoas, que se alternam entre os papéis de Profissionais - no tal do B2B -, ou de Consumidores -, no tal do B2C. Voltando, também vamos abordar, nos *cases*, critérios técnicos de plataforma, de infraestrutura e segurança ao *front-end,* e UX.

Como já comentado, para não ficar uma leitura exaustiva, procurei dar ênfase em diferentes aspectos dos *cases* para, na medida do possível, traçar um panorama mais amplo. Até porque, apesar da metodologia de *brand publishing* ser transversal e escalável, a aplicação dela é única para cada marca, cada qual com suas particularidades e seus objetivos.

Sempre que possível, pretendo apontar dados e números; de preferência, atemporais. Pois não foi possível unificar todos os critérios: afinal, existem informações consideradas sensíveis, que as marcas não podem compartilhar. E o critério de sensibilidade varia de empresa para empresa. Dos 18 casos expostos, entrevistamos 16 representantes de 14 marcas analisadas. Alguns desses profissionais já foram apresentados anteriormente; outros, serão durante a leitura.

O objetivo aqui é reforçar os conceitos sobre *brand publishing* com *benchmarks*, a partir de uma análise empírica, pois a disciplina começa a escalar e se tornar protagonista, de fato, nessa década de 2020. Portanto, me esforçarei ao máximo para manter este trabalho o menos datado possível, para ele nos acompanhar como referência por um bom tempo, pelo menos até o final desta década de transição midiática, que vai nos entregar uma sociedade completamente reformulada pelos meios digitais.

Para começar os *cases*, vamos falar sobre três veteranos globais, que serviram como *benchmarks* quando fundamos a Barões, em 2017. Ainda não tínhamos *cases* desenvolvidos e o mercado brasileiro tinha poucos e fragmentados casos, pois o cenário nacional de *brand publishing* ainda não havia sido estruturado, tampouco conceituado.

Naquele passado já distante, começamos nossos esforços comerciais apresentando o conceito de *brand publishing* editorial digital, em níveis profissionais, com os seguintes *benchmarks* pioneiros: Red Bull, L'Oréal e American Express. Inclusive, já escrevi sobre esses três *cases* em outras publicações; agora, os reapresento com mais profundidade. Até porque somos muito gratos a eles, pois seus notáveis resultados, maturidade técnica e compromisso com o processo nos serviram e ainda servem de inspiração.

Mundo Red Bull | Red Bull

Fonte: https://www.redbull.com/br-pt/

O primeiro grande *case* de *brand publishing* digital foi o da Red Bull que, cá entre nós, é a referência máxima em *brand publishing*. É o estado da arte; o *case*-referência absoluto. Na Barões até evitamos apresentar a Red Bull como *benchmark*, para evitar expectativas irreais, pois a maturidade deles é muito fora da curva. Usar a Red Bull como *benchmark* em *brand publishing* é como usar o Barack Obama como referência em oratória. Ou o Papa Francisco como *case* no Twitter. São casos únicos, virtualmente irreplicáveis.

Essa condição ímpar da Red Bull a transformou em uma empresa de ativos de mídia proprietária que também vende, anualmente, bilhões de latinhas de energéticos. Fundada em 1984, na Áustria, a Red Bull já nasceu com uma cabeça totalmente diferente das demais marcas do setor de bebidas, tradicionais líderes no formato predominante da Sociedade do Espetáculo.

A marca de energético logo ficou reconhecida pelas intrigantes e bem-humoradas campanhas pagas, e pelas políticas notáveis de relações públicas. Mas foi na frente de mídia proprietária que a marca gerou real valor. A Red Bull é uma plataforma completa de ativos de mídia proprietária, com revistas, sites, projetos audiovisuais em nível hollywoodiano, eventos globais, equipes esportivas ultracompetitivas e até modalidades esportivas criadas pela própria Red Bull.

É evidente que em nosso recorte específico, o *brand publishing* enquanto comunicação editorial digital proprietária, a Red Bull também seja excepcional. Por exemplo, sua tradicional Red Bulletin distribui conteúdos em múltiplos idiomas, e tem uma definição matadora:

> *"Uma revista internacional sobre estilo de vida, que entrega um conteúdo eletrizante e de alta qualidade do mundo Red Bull e além."*

Muito além da Red Bulletin, o Mundo Red Bull já é uma plataforma toda preparada para uma internet que valoriza a privacidade de dados pessoais, sob um conceito de usabilidade sofisticado, que conta com uma produção primorosa de conteúdo. Sempre dentro de uma arquitetura editorial clara, que cobre esportes, estilos de vida, inovação, cultura e comportamento.

Nesse território, conteúdos épicos não faltam: entrevistas substantivas com grandes atletas; cobertura profunda da temporada e história da Fórmula 1, onde a Red Bull já se tornou uma escuderia histórica; a história do *break*, a dança que virou esporte olímpico; eventos de surfe que pagam prêmios em criptomoedas (a propósito, criptomoeda da Transfero Group, marca que também será *case* neste livro). Todo esse conteúdo muito bem distribuído em múltiplos idiomas, com edição para diferentes países.

Essa operação sofisticada é sustentada pela unidade "Red Bull Media House", que reúne, sob uma poderosa e autônoma frente de negócios, todos seus formatos de publicação (digital, tv/*streaming* e filmes, impresso e música), conforme atesta um jornalista brasileiro que trabalha na Red Bull:

> *"[...] a Red Bull tem essa noção importante de que a marca seja autêntica na raiz. Quando ela foi criada, a cabeça do dono da companhia já observava marketing dessa forma. Preciso ter uma comunicação autêntica, até porque o próprio produto é um produto autêntico."*

Essa declaração é de 19 de novembro de 2021, quando conversei, para este livro, com um profissional brasileiro da área de conteúdo Red Bull no Brasil. Na conversa, ele me explicou a política de porta-vozes da Red Bull, uma vez que só atletas falam pela marca. Por isso não vou mencionar seu nome. A propósito, essa política de RP é emblemática: apenas os protagonistas do conteúdo que a marca gera falam por ela, tamanha a cultura de *publisher* da marca.

Segundo essa minha fonte, a Red Bull tem no Brasil uma operação de mídia proprietária bem estruturada. Isso já é público, inclusive, para toda a população brasileira: afinal, a Red Bull entrou para a elite do futebol brasileiro através do Bragantino. Claro que, no *brand publishing* editorial, o processo também é bem azeitado:

> *"A gente tem um site chamado Redbull.com, que conta as histórias do Mundo Red Bull. Lá, a gente tem um trabalho editorial original. Contamos com uma série de freelancers especializados em esportes. Jornalistas e até atletas (muitos deles, na verdade, são esportistas que escrevem). Aqui no Brasil temos cerca de 25 atletas. Existe uma produção de conteúdo diária a partir dos eventos e das lives que acontecem tanto no Brasil, quanto no mundo. Em paralelo, temos a Red Bull TV, a plataforma de streaming da marca. Então, a nossa equipe tem uma função dupla: produzir e distribuir conteúdo original no Brasil, e fazer curadoria e distribuição do conteúdo global da Red Bull TV."*

Minha fonte explica que a operação de tecnologia e produto digital é central, na Áustria, e que opera de forma integrada aos sites em mais de 100 países. No Brasil, a equipe é focada em produção de conteúdo nacional, curadoria do conteúdo global e distribuição:

> *"Temos freelancers, agências e, internamente, uma equipe enxuta de programação, com foco em fazer o conteúdo acontecer na hora certa, através do canal certo - inclusive, nas redes sociais e no Google. Temos também operação de coprogramação de eventos com outras empresas de mídia, como o grupo Globo."*

O portfólio do "Mundo Red Bull" é galáctico. Um *hub* completo de conteúdo digital multimídia, com inúmeros eventos de variadas modalidades esportivas, e atletas com relação editorial devidamente sincronizada para a maximização do uso desses direitos. Minha fonte destaca, como aspecto fundamental do processo de *brand publishing* editorial, a atribuição de marca como origem do conteúdo:

> *"Um aspecto muito importante desse processo é a atribuição de marca. Se a marca não tem suas propriedades, o seu conteúdo fica flutuando na rede social ou em plataforma de terceiros. Todo o conteúdo produzido reforça a plataforma social, e não a marca de quem produziu o conteúdo. No meio de tanta distração, corre-se o risco de o conteúdo não ser atribuído à marca, que tem credibilidade e um potencial de audiência enormes."*

Audiência enorme que a Red Bull constrói editorialmente há mais de 30 anos. No Brasil, já em escala em uma combinação vibrante de conteúdo original, curado e relacionado. Detalhe pequeno, o menu principal tem quatro links: TV, Eventos, Atletas e Produtos. Ao clicar no último dos links, ele nos leva para uma página sobre certa latinha de energético; aquela que te dá asas.

Business Class: Trends & Insights | American Express

Fonte: https://www.americanexpress.com/en-us/business/trends-and-insights/

O portal "Business Class: Trends & Insights", da Amex, está sustentado no posicionamento da marca: *"Don't Do Business Without It"*.

O *hub* é feito para o pequeno varejista americano e é um caso de sucesso absoluto, inclusive com um desdobramento notável pelo impacto e pela relevância na economia estadunidense.

Fundado em 2007, o *hub* "OPEN Forum", da Amex, foi lançado como um portal produtor e curador de notícias para *"small businesses"*. Como consequência da eclosão da crise do *subprime* nos EUA, em 2008, a audiência do portal explodiu. Em três anos, o ativo já tinha 1 milhão de visitas por mês.

No início da década de 2010, o projeto se desdobrou em um evento "off-line" que entrou no calendário da indústria americana, abraçado pela administração de Barack Obama. O Small Business Saturday foi lançado com o objetivo de privilegiar o pequeno comércio, logo após a tradicional Black Friday. Hoje, o Small Business Saturday virou a "Shop Small", uma organização autônoma com edições em outros países, como Canadá, Austrália e Inglaterra.

Em 2018, o OPEN Forum foi rebatizado de "Business Class: Trends & Insights" e já comemora mais de 15 anos. O projeto conferiu à Amex uma autoridade em um mercado em que a marca não tinha muita penetração, o do pequeno varejista, em um país de proporções continentais como os Estados Unidos.

O projeto se tornou, no longo prazo, o canal mais eficiente no ecossistema da Amex para geração de novos afiliados ao cartão. A americana Liz Bedor, estrategista de marketing digital que, em 2015, trabalhava na Newscred, destaca no artigo "Why Amex OPEN Forum Is Still the Gold Standard For Content Marketing", publicado no mesmo ano, que o projeto é bem-sucedido porque pensa no interesse editorial legítimo da audiência.

A partir da posição legítima de *publisher*, a Amex se tornou parceira do pequeno varejista em conteúdos sobre finanças, gestão de caixa, gestão de recursos humanos, educação sobre marketing digital e muitos outros temas focados no crescimento dos pequenos negócios - setor em que a Amex teria o maior potencial de crescimento.

Mary Ann Fitzmaurice Reilly, SVP of Partnership & Business Development da Amex, é citada no artigo com as seguintes aspas:

> *"Nós já tínhamos uma grande parte da torta, então nossa maior oportunidade era com o crescimento dos pequenos negócios - se eles crescessem, nós cresceríamos."*

A construção dessa comunidade em mídia proprietária ajudou, através de dados e do relacionamento consistente, no entendimento de que donos de negócios são consumidores também (ou seja, não há necessariamente uma fronteira clara entre B2B e B2C).

Com a construção da autoridade de marca, foi possível constatar o fenômeno que Bedor escreveu como *"Blur the sell"*. Para esse termo chato de traduzir, a autora explica que é possível fazer vendas com serviço de conteúdo não-autorreferente, a partir da construção de uma posição nobre: de autoridade para o segmento, de marca com credibilidade e reputação, capaz de alinhar seus interesses de crescimento de negócio com o da sua audiência.

Makeup.com | L'Oréal

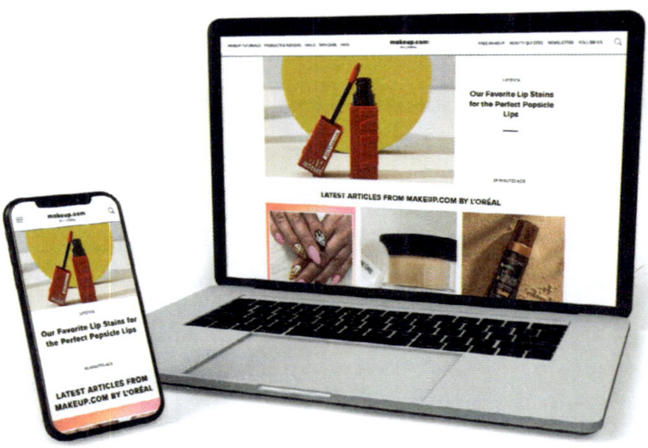

Fonte: https://www.makeup.com/

Outra marca decana e bem-sucedida no *brand publishing* é a L'Oréal, empresa francesa e líder global em cosméticos. O seu Makeup.com, fundado em 2011, hoje é uma das maiores propriedades de conteúdo digital, em nível global, no segmento.

Premiado pelo seu desempenho, inclusive pela integração a canais sociais como Pinterest, o Makeup.com é um portal de maquiagem com dicas, tutoriais, tendências e uma habilidosa integração aos produtos da marca. À época, a L'Oréal pagou "mais de US$ 1 milhão" pelo domínio, segundo o site Domain Name Wire.

No final da década de 2010, uma época em que as blogueiras de maquiagem no YouTube davam contornos iniciais ao mercado de influenciadores digitais, a L'Oréal foi sábia o suficiente para não competir com pessoas físicas, mas sim ajudar a organizar o debate como uma marca *publisher*. Inclusive, celebrando alianças editoriais com estrelas do YouTube, como Michelle Phan e Eva Gutowski, para a promoção do Makeup.com, além de realizar entrevistas com *top influencers* do setor.

Em uma entrevista de 2014 para a empresa nova-iorquina Contently, o então CMO da L'Oréal, Marc Speichert, explicou que a abordagem da empresa como *publisher* era focar no conteúdo *"long tail"* para a fase de avaliação dos consumidores.

> *"Percebemos que a criação de uma única peça de conteúdo nunca vai ser relevante para a maioria das pessoas. Em vez disso, estamos criando diferentes ativos que endereçam especificamente a necessidade dos consumidores."*

A estratégia do *hub* Makeup.com foi tão bem-sucedida, que a L'Oréal tem hoje projetos em outros países, inclusive no Brasil, como o Segredos de Salão, que será abordado na parte de *cases* nacionais.

Os ativos são desenvolvidos pela Webedia, empresa francesa de mídia digital com operação no Brasil, que assina excelentes projetos de *brand publishing*.

Infelizmente, apesar de tentativas para este livro, não conseguimos falar com um representante da L'Oréal. Justamente à época da redação, a empresa estava com troca de liderança na área de marketing no Brasil, conforme noticiado pelo Meio & Mensagem, em 25 de julho de 2022. Porém, como o mercado é dinâmico, conversei com pessoas que passaram pela empresa de cosméticos e pela Webedia, e que gentilmente me forneceram informações para organizar os *cases*.

Com mais de uma década de muito sucesso com o Makeup.com, a L'Oréal se estabeleceu como uma marca líder em comunicação editorial; inclusive, como reflexo da preocupação da empresa para a construção de um mundo melhor, com claro posicionamento em relação às pessoas, seus produtos (incluindo, aí, um processo de comunicação muito bem gerido) e o meio ambiente. Em uma nota publicada no Ad Age:

> *"Nos mantemos comprometidos para assegurar que nossos sites proprietários Makeup.com, Skincare.com e Hair.com sempre incluam uma limpa e conspícua identidade de marca."*

Esse posicionamento da L'Oréal é um marco para canais de *brand publishing* editorial, que não devem ser apócrifos, justamente para contribuir com o processo de atribuição do conteúdo à marca de origem, fator preponderante no contexto atual da sociedade humana. Fundamentada por toda essa maturidade, a marca também evoluiu sua frente de mídia proprietária para projetos audiovisuais sofisticados, como a série "Run Le Hair Show", e também se prepara para explorar *e-sports* e a cultura *gamer*.

Outras referências internacionais

Esses três primeiros *benchmarks* ajudaram muito a Barões a se posicionar de forma pioneira no mercado brasileiro. Como éramos o primeiro *pure player* brasileiro exclusivamente focado em *brand publishing*, esses *cases* nos serviram para demonstrar, com a devida profundidade, o que é ser uma marca publicadora. Que o processo era muito maior que o marketing de conteúdo "uberizado" que algumas empresas propunham à época, ainda na febre do *inbound marketing*.

Outros *cases* internacionais consistentes em *brand publishing* também serviram, e ainda servem, como referências. Vale dar uma olhada no Prosper & Thrive, portal de educação financeira do Banco Santander[24], que ajuda o público jovem a "economizar, gastar e viver"; no GE Reports[25], referência de *publishing* setorial B2B, que demonstra a autoridade e o compromisso do conglomerado com as indústrias; além do já citado e centenário The Furrow[26], da John Deere que, obviamente, evoluiu para uma operação robusta como portal de conteúdo digital especializado.

Brand Publishing in Brazil

Claro que esses e muitos outros *benchmarks* internacionais são usados como referências para projetos com marcas que são clientes e *prospects* da Barões. Mas, de 2017 pra cá, muita coisa mudou no Brasil, pois a Barões ajudou, como protagonista, a estruturar o mercado e a colocar o país na vanguarda da prática do *brand publishing*.

Portanto, alegre-se: para esta parte de *cases* brasileiros teremos subsídios de sobra, tanto de clientes da Barões, como de marcas que usam outros fornecedores ou recursos internos. Todos eles contribuíram e contribuem bastante para o Brasil já ter um portfólio bem pavimentado, ainda que incipiente.

No meu ponto de vista, a virada para a escalada sistemática desse portfólio de *cases* brasileiros relevantes começou em 2017, ano da fundação da Barões - o primeiro *pure player* brasileiro de *brand publishing*. Modéstia à parte, conseguimos conceituar e estruturar o mercado de *brand publishing* editorial e proprietário, que ainda vai ganhar uma escala fenomenal na comunicação das marcas. Entre os primeiros clientes da Barões destaca-se a Oi, então operadora de telefonia celular com atuação nacional. O então diretor de marketing, Eric Albanese, confiou em nossa visão e foi um cliente fundador da oferta de *brand publishing* da Barões Digital Publishing.

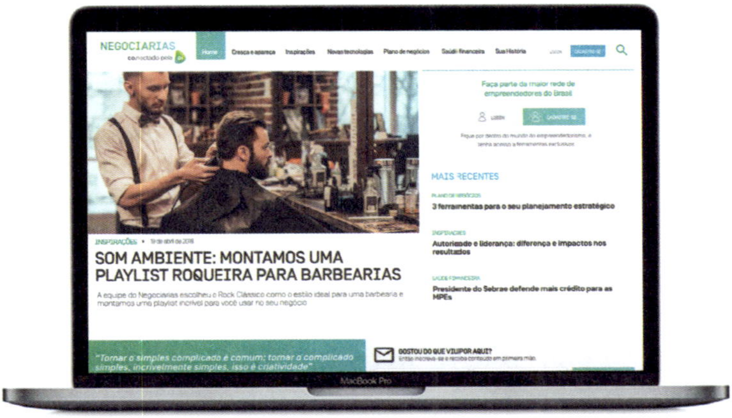

Fonte: portal Negociarias

Inspirado no *benchmark* da Amex, foi criado o "Negociarias", um portal para o público B2B PME (pequenas e médias empresas). Após o planejamento e o alinhamento corporativos, que tratavam de aspectos técnicos e estratégicos, o portal se posicionou como um serviço de comunicação editorial da Oi sobre empreendedorismo e gestão para pequenos e médios empreendedores.

Em uma declaração publicada no site da Barões, Eric Albanese, que se tornou um amigo, após uma jornada de 18 meses, atesta que o projeto foi um sucesso:

> *"Tive o prazer de ser um dos clientes fundadores da Barões. Lançamos em 2017, pela Oi, o Negociarias – um portal voltado para PMEs. Foi um sucesso, com picos de 500 mil visitas no mês e 25% de tráfego orgânico."*

De fato, com o Negociarias pudemos implementar, na prática, pela primeira vez, toda nossa metodologia: plataforma, conteúdo, distribuição, métricas, dados e gestão. O modelo do *checkpoint* semanal baseado funcionou perfeitamente. O grupo de trabalho formado pelas equipes Barões e Oi se entrosou bem e conseguiu desenvolver a audiência do projeto, que na época chegou a figurar, sob o parâmetro de visitantes únicos, entre os 5 principais portais de empreendedorismo no Brasil.

Quando estávamos na etapa de integração do fundo de funil da área B2B, a então estrutura da Oi colapsou. A renúncia do presidente e a desastrada troca de toda a equipe da diretoria de marketing fez com que o projeto fosse descontinuado. A partir daí, a Oi não conseguiu se manter competitiva e hoje se tornou uma empresa totalmente diferente – inclusive, com a unidade móvel vendida para as concorrentes TIM, Vivo e Claro, em 2022.

Por isso, apesar de ser descrito como um marco, o Negociarias não está listado nos *cases* do livro. Isso nos leva à lista a seguir, com onze *cases* da Barões, do mais antigo para o mais novo, além de quatro projetos desenvolvidos por outras empresas. Vamos começar pelo mais longevo dos *cases* da Barões, o MeuLugar, do QuintoAndar.

MeuLugar | QuintoAndar

Fonte: https://meulugar.quintoandar.com.br/

Em 2018 a Barões planejou, implementou e lançou o *hub* MeuLugar, um projeto de *brand publishing* de propriedade do QuintoAndar - empresa focada em soluções de moradia. O *hub* tratava desde temas econômicos, até temas de comportamento, decoração e melhores práticas de negociação de aluguel e compras de imóveis.

Naquele ano o QuintoAndar já era uma potência, a caminho de se tornar um unicórnio. Justamente por revolucionar o mercado de aluguel de imóveis no Brasil - sobretudo eliminando do seu processo a figura medieval do fiador -, a empresa precisava se estabelecer como uma marca publicadora de conteúdo editorial sobre o setor. Esse movimento era fundamental para reforçar a autoridade e o protagonismo do QuintoAndar como "*shaper*" do mercado imobiliário.

Após o planejamento feito sob a liderança dos executivos de comunicação João Gonçalves e Tiago Archela, então gestores de marketing da empresa, o *hub* foi lançado em 30 de agosto de 2018. Já no primeiro trimestre, ainda no período de MVP, o MeuLugar conseguiu ocupar um espaço ainda pouco explorado, o de trazer informações sobre "*renting lifestyle*" para o público mais jovem presente nos centros urbanos, bem como para proprietários de imóveis e profissionais do ramo.

Em 2020, já contando com a liderança da publicitária Mariana Quintanilha à frente do marketing do QuintoAndar, o site era referência em SEO em termos fundamentais como "IGP-M" e pesquisa sobre bairros de grandes cidades brasileiras.

A partir de um processo sólido e organizado de gestão, o MeuLugar se tornou um *hub* para integrações técnicas de dados, além de espaço para diversas experimentações e ações especiais. Uma ação específica chamou a atenção em nível internacional: a nova-iorquina Outgrow publicou em seu *blog*, em inglês, o *case* de um conteúdo interativo; um quiz sobre cidades brasileiras. Foram 134 mil visitas ao quiz, com 64 mil *leads* gerados - uma taxa de conversão de 48%.

Claro que apenas um caso de sucesso isolado não faz verão. Para alcançar esse tipo de caso de sucesso, como o mencionado pela Outgrow, foram meses de trabalho testando diferentes iniciativas, com testes A/B, avaliações editoriais e novas integrações técnicas.

Enfim, a estruturação e operação de um *hub* robusto, com uma audiência crescente e legítima, inclusive para acompanhar a expansão do QuintoAndar, que expandia sua atuação, então restrita a aluguéis, também para venda de imóveis. Isso ensejou a expansão do posicionamento editorial do MeuLugar, que nasceu focado em "*renting lifestyle*", para um *hub* sobre soluções contemporâneas de moradia em grandes centros urbanos.

Daí chegou o longo inverno da pandemia, quando o QuintoAndar teve uma atuação muito responsável, ao assumir compromissos com os proprietários de imóveis em caso de inadimplência de inquilinos, devido à brusca crise econômica.

Apesar da tensão e dos cortes efetivos de investimento em comunicação e mídia, o MeuLugar se manteve firme, justamente por ser uma mídia proprietária da marca. Sempre com postura informativa, de jornalismo especializado, com tom objetivo, adequado à comunicação de uma marca líder relevante e atuante durante esse período tenebroso pelo qual a humanidade atravessou.

Ainda no período crítico da pandemia, em 2021, o MeuLugar contou com a entrada da Laura Lopes, gerente de conteúdo, que estabeleceu uma nova fase de crescimento para o projeto, sobretudo em *Search Engine Optimization* (SEO). Com a plataforma e o domínio já amadurecidos, as ações da nova líder do projeto surtiram efeito rapidamente:

> *"[...] nossa audiência cresceu mais de 200% de 2020 para 2021 e somos maiores que players de conteúdo tradicionais do setor. O nosso objetivo macro é trazer mais gente para conhecer a marca através do conteúdo, integrado ao crescimento do negócio. Estamos em mais de 50 municípios brasileiros. Com uma mídia proprietária nacional, eu alcanço praças em que eu ainda nem estou presente. Essa visão de crescimento é vital para esse tipo de estratégia. Porque quando se faz uma campanha de TV ou até mesmo on-line, o foco é nas praças onde o negócio está presente. Já o conteúdo digital me ajuda a atingir outras praças que tendem a ficar com uma ansiedade positiva em relação à marca."*

Com o crescimento na quantidade de usuários mês a mês, o MeuLugar continua em franca expansão. Além do valor de face, a contribuição do MeuLugar foi fundamental para o aprendizado do QuintoAndar como marca publicadora. Foi o primeiro "*real estate*" de *publishing* do QuintoAndar, que hoje conta com outras ações integradas, como *podcast* (como a série "Lá onde eu moro", que contou com a participação do eterno titã Nando Reis) e novos canais de conteúdo editorial, como a área de "Conteúdos", também operada pela Barões, com estratégia complementar ao MeuLugar, mais focada em conteúdo técnico. Tudo isso com uma metodologia sólida de plataforma, distribuição, curadoria e produção de conteúdo, sempre integrada a dados, conforme Laura explica:

> *"[...] nos preocupamos com a distribuição, com a consistência e com a frequência, mas também temos que instrumentalizar esses sites para entendermos a qualidade da audiência, para saber para onde vamos. Os dados nos mostram o que o usuário leu, sobre o que ele se interessou e depois para onde ele vai. Então, temos de ter consistência também na gestão e na evolução das plataformas, pois cada área de negócio tem uma iniciativa e uma demanda. Se não tiver uma gestão consistente, surge um monte de iniciativa picada de conteúdo. A estratégia de publishing é fundamental para amarrar as frentes de comunicação editorial."*

Cada vez mais o QuintoAndar se estabelece como um líder no mercado de *real estate* brasileiro, não apenas em negócios, mas também em informação. E, cada vez mais, consegue integrar, inclusive em nível de dados, as frentes de comunicação. Na qualidade de uma empresa disruptiva no mercado, sua comunicação de marca se mantém em linha com a natureza inovadora da marca.

Por isso resgato uma frase da Mariana Quintanilha, *head* de *branding* do QuintoAndar entre 2018 e 2020, quando explicou em uma reunião de conselho editorial do projeto de *brand publishing* - de forma direta e competente - a virtuosa relação entre o MeuLugar (ativo de mídia proprietária) e as ações de mídia paga e mídia adquirida da marca:

> *"O paid media promove, o earned media posiciona e o owned media consolida."*

PanoramaCrypto | Transfero Group

Fonte: https://panoramacrypto.com.br/

O PanoramaCrypto, da Transfero Group, é praticamente contemporâneo do MeuLugar, do QuintoAndar. Lançado em novembro de 2018, também teve um desafio singular: ajudar a construir e a posicionar a recém-criada marca "Transfero" como uma autoridade no mercado brasileiro de criptomoedas.

Uma decisão acertada, uma vez que esse mercado, em 2018, era visto com extrema desconfiança. Por isso, ao invés de lançar sua marca baseada na comunicação persuasiva, em campanhas publicitárias, a Transfero escolheu um caminho até então inovador, que se mostrou sólido: construir sua marca via *brand publishing* com o objetivo de informar e educar o mercado.

A partir de um posicionamento editorial assertivo, sob a epígrafe "Crypto para Adultos", o PanoramaCrypto se estabeleceu como um veículo de análises, curadoria e produção de informações sobre o mercado das criptomoedas e dos ativos digitais, uma nova e inexorável classe de ativos.

Afastada da insana especulação, a Transfero se tornou um *think tank* do mercado brasileiro de criptoativos. Para Cláudio Just, *chief business development officer* e sócio-fundador da Transfero, o investimento em *brand publishing* foi fundamental para mostrar a natureza da recém-lançada marca:

> *"Investimos no brand publishing porque precisávamos ser donos da mídia para fundamentar a nossa própria narrativa e propor para o mercado um processo de informação e educação através do conteúdo especializado. Só assim poderíamos mostrar a natureza da Transfero, a nossa visão, os nossos fundamentos. Agora a gente tem uma mídia proprietária relevante e pioneira enquanto brand publisher do setor. A partir desse ativo, temos muito mais controle também sobre as ações de earned media e paid media, com uma gestão integrada e com uma abordagem de publisher: idônea, transparente e objetiva. Se a marca não for honesta, não tiver uma filosofia sólida, não se sustenta como uma marca publisher."*

Cláudio, hoje já totalmente absorvido como empresário do setor de criptoativos, teve uma produtiva "encarnação" profissional como publicitário - inclusive, sendo proprietário de uma agência digital pioneira no Rio de Janeiro.

Portanto, a escolha do *brand publishing* para a construção da marca Transfero foi intencional e deu resultado: de fato, a posição de *publisher* protegeu a marca Transfero em momentos dramáticos do mercado, como em 2019, quando uma barulhenta *startup* brasileira de criptomoedas se derreteu em semanas. Também pudera, com mentalidade de anunciante do século XX, a tal *startup* fazia propagandas (de gosto duvidoso, diga-se de passagem) em programas de auditório de televisão.

Nada mais anos 80. Essa postura espetaculosa prejudicou os investidores e abalou momentaneamente a confiança do mercado. Afinal, a CVM se posicionou contra sua atuação e suas campanhas com ofertas públicas - à época, sequer minimamente regulamentadas.

Durante esse duro período para o mercado, a Transfero nadou contra a corrente e ganhou confiança e respeito do mercado. Ainda em 2019, o PanoramaCrypto foi listado pelo Google News (em uma época que essa indexação era para poucos) e se desdobrou em dois eventos físicos e presenciais no consulado Suíço de São Paulo, representante do país onde a empresa foi fundada - justamente por contar com um *framework* regulatório mais avançado. Esse movimento de ter portal e eventos proprietários ajudou a marca a transmitir seu fundamento para o agitado mercado de criptomoedas. Outro fundador da Transfero, Guilherme Murtinho, que é o *Chief Marketing Officer* do grupo, explica:

> *"De cara vimos que o modelo tradicional de comunicação não ia funcionar. Por isso o brand publishing foi uma escolha perfeita, porque era um modelo novo, disruptivo, também descentralizado. Bate perfeitamente com a filosofia que a gente quer desenvolver no mercado. Com o brand publishing a gente pode se comunicar como a autoridade sobre o nosso tema. Foi em cima dessa premissa que a gente acabou abraçando a iniciativa. E, claro, tudo isso evoluiu junto ao processo de maturação da gestão, que também precisou acontecer na empresa. Hoje a gente já está colhendo os frutos e benefícios; inclusive, em termos de gestão em comunicação de marca."*

Não por acaso, Guilherme Murtinho, o Guiga, também atuou como publicitário até fundar a Transfero, junto ao Cláudio e demais sócios. Porém, diferente de Cláudio, continua oficialmente no *front* da comunicação e do marketing, sendo responsável pela condução da marca Transfero, cuja pedra angular é o *brand publishing.*

Com o passar dos meses e dos visíveis resultados, a expansão das frentes de comunicação já estava planejada: ainda em 2019, muitos dos resultados da Transfero começavam também a ser documentados através da mídia setorial de criptomoedas no Brasil e no mundo, muito além do PanoramaCrypto.

Também pudera: ainda em 2019, com o lançamento do BRZ - a primeira *stablecoin* pareada em Real - a Transfero deu um salto institucional. Em 2020, recebeu investimento da Alameda Ventures, braço de investimento da gigante Alameda Research, e começou a operar em escala, em âmbito global. Em 2021, anunciou o lançamento de sua plataforma de compra e vendas de criptoativos. Em 2022, o BRZ movimentava R$ 600 milhões por mês, em parceria com *players* gigantes do mundo cripto.

Com a reputação fortalecida via *owned media*, a Transfero expandiu seu trabalho de forma igualmente estruturada para *earned media* (Assessoria de Imprensa) e agora se prepara para expandir a frente de *paid media.* Todas as frentes, no entanto, partem da premissa da filosofia original da Transfero, que fez a empresa optar, antes de qualquer outra iniciativa, pelo papel de *publisher* que, na visão da empresa, ajuda a educar o mercado:

> *"[...] educação é a palavra mandatória do brand publishing. Afinal, com nossa plataforma de conteúdo especializado, podemos explicar, no ritmo certo, o mercado de cripto para as audiências realmente interessadas em entender como isso vai impactar a vida das pessoas. Precisamos de muita consistência para comunicar isso; não dá para fazer por campanha de mídia paga. Sem essa visão bem estabelecida desde 2018, acredito que não estaríamos onde estamos hoje."*

Como natural desdobramento da visão de *think tank* do mercado, o grupo lançou a Transfero Academy, uma plataforma proprietária de educação profissional para ajudar na formação de novos profissionais do setor. Essa nova frente de mídia proprietária reforça a reputação da empresa no segmento, como Guiga relata:

> *"Nossa estratégia de mídia proprietária abre portas onde a gente chega. Seja com bancos, parceiros e clientes, a gente explica nosso sólido compromisso com a indústria, apresentando nosso hub de comunicação e educação. Com isso, aprofundamos as relações comerciais e estabelecemos, de maneira legítima, a nossa visão sobre o mercado de ativos digitais."*

Com o caminho pavimentado pela frente de mídia proprietária, agora a Transfero se prepara para novos saltos de visibilidade, colocando a frente de mídia paga para jogo com gestores e parceiros especializados em *paid media*, sem perder a organização e a visão integradas com *owned* e *earned media*.

Além da Energia | ENGIE

Fonte: https://www.alemdaenergia.engie.com.br/

Em 2019, a ENGIE procurou a Barões com a demanda clara de se tornar uma marca publicadora relevante no setor de energia. O contato foi feito por Leandro Provedel, seu *head* de marca, já apresentado neste livro. Leandro tinha o objetivo de encontrar a "peça que faltava" no processo de comunicação do grupo no Brasil. A organização multinacional francesa é a maior produtora independente de energia do mundo.

O grupo ENGIE também é líder na transição energética no Brasil. Atua em geração, comercialização e transmissão de energia elétrica, além de transporte de gás e soluções energéticas. Projetos estruturantes, como a hidrelétrica de Jirau, fazem parte do portfólio do grupo.

Com todo esse histórico e posicionamento de mercado, seria natural para a ENGIE se posicionar como uma autoridade em comunicação editorial. Mas até 2019, ainda faltava uma peça para a emergente estruturação que a equipe de comunicação do grupo vinha fazendo ao longo dos anos. Encontraram a tal peça no *brand publishing* profissional, que se tornou central no processo de comunicação da marca:

> *"Quando entrei na ENGIE, em 2011, a empresa fazia assessoria de imprensa e relações públicas, patrocinava eventos do setor, além de publicidade off-line regional. A única mídia proprietária era o website, com olhar de dentro pra fora, e não de fora pra dentro. O site tinha um nível de detalhamento absurdo, que não interessava para o público externo. Em 2016, começamos a fortalecer o processo de digitalização. A mudança da marca, de Tractebel para ENGIE, nos deu a oportunidade de trabalhar com os conceitos SEO e User Experience, ainda incipientes. A transformação começou a acentuar-se em 2017, quando entramos em redes sociais, muito timidamente, ainda com mentalidade de campanha publicitária. Em 2018, sentimos o crescimento das redes sociais e mídia display, e também tínhamos uma revista digital. Mas faltava alguma coisa.*

> *O* brand publishing *era a peça central do quebra-cabeça. Então o* hub *Além da Energia, que foi lançado em 2020, nos ajudou, de maneira definitiva, a trabalhar de forma totalmente integrada e coordenada. Acreditamos muito na força da consistência da orquestração das ações de mídia proprietária com mídias pagas e adquiridas."*

Em pouco mais de dois anos, o Além da Energia se consolidou como um portal relevante do setor energético, com um posicionamento editorial claro, focado em Transição Energética. Com cerca de 1,2 milhão de usuários únicos por ano, o portal traz conteúdos muito relevantes, como entrevistas originais com personalidades do setor. Em 2022, por exemplo, foi publicada uma relevante entrevista com o ex-presidente da república Fernando Henrique Cardoso, sobre a contribuição de seu governo para o setor de energia. Diariamente são publicadas pautas sobre tendências dos mercados brasileiro e internacional - inclusive, sob a frente estratégica de "diplomacia editorial", como Leandro explica:

> *"O Além da Energia oferece espaço editorial qualificado para clientes, fornecedores, parceiros e para lideranças escreverem ou serem entrevistadas - processo que chamamos de Diplomacia Editorial. Começamos com uma abordagem mais institucional, convidando* stakeholders *institucionais com os quais a ENGIE se relaciona, para publicarem artigos ou darem entrevistas. O processo se refinou a tal ponto que introduzimos a diplomacia comercial, dando voz a clientes e* prospects *- empresas que estão, por meio do Além da Energia, mostrando sua intenção em transição energética. Tudo isso gera* goodwill *comercial e ainda mais autoridade para a ENGIE junto às empresas que querem neutralizar sua pegada de carbono e atuar, de fato, na transição energética."*

Hoje, o Além da Energia já tem centenas de termos disputando posição zero no Google e uma integração orgânica às redes sociais que, com a integração de conteúdo editorial nas redes, aumentou em 350% o engajamento dos usuários (sobretudo, cliques para o site). O *hub* também integra produção multimídia, com *videocast* e *podcasts*. A ENGIE agora se prepara para um mundo *cookieless*, pois já começa a traçar ações de integração dos dados coletados pelo Além da Energia às suas plataformas de marketing digital. O projeto tem sido reconhecido pelo mercado pela sua maestria em tornar o *brand publishing* um protagonista da comunicação da marca ENGIE no Brasil:

> *"Aí que entra a beleza do brand publishing para fortalecimento de marca. Torna conhecida e reforça a autoridade da marca, com fundamentação técnica, a partir de um hub de conteúdo proprietário. Por menor que seja o tempo de projeto, ele se tornou importante a ponto de um cliente nosso ter dito que não concebe fazer a transição energética da empresa dele, uma multinacional global e gigante aqui no Brasil, sem que seja por meio da ENGIE. E ele entendeu isso não pelo contato comercial que tem há anos conosco, mas pelo Além da Energia. Foi pelo hub que ele percebeu a importância da transição energética, se aprofundou sobre descarbonização, sobre o que as empresas estavam buscando ou falando a respeito. E viu que a empresa dele precisava disso. Foi conversar com a área comercial e perguntou se conheciam o Além da Energia. Ou seja, é uma história linda, de uma grande multinacional que entendeu o conceito que queremos passar, ao consumir o nosso conteúdo."*

Sport Insider | SISU

Fonte: https://sportinsider.com.br/

Também em 2019, a SISU Ventures Partners, proprietária da Golden Goal e da FENG, empresas pioneiras no marketing esportivo, fundou o portal Sport Insider. O Sport Insider foi planejado para ser um portal de referência para a indústria do esporte, tanto em informação, quanto em educação profissional.

O planejamento do Sport Insider foi baseado na autoridade da SISU na indústria do esporte. Pela Golden Goal, o grupo tem em seu portfólio atuações protagonistas em gestão e operação de alimentação e bebidas tanto na Copa de 2014, quanto nas Olimpíadas de 2016. Pela FENG, é responsável por programas de sócio-torcedor de grandes times do futebol brasileiro, como o São Paulo Futebol Clube - o mais sublime clube na história do futebol -, o Flamengo, o Santos, o Botafogo, o Vasco, entre outros clubes e projetos digitais de sucesso no setor.

Sustentado por essa experiência, o Sport Insider nasceu potente; inclusive, se preparando para a educação, com um curso on-line sobre como ter uma carreira na indústria do esporte. O *hub* entrou no ar no final do segundo semestre de 2019, em regime de MVP, com conteúdos originais, tutoriais e curados, já preparando terreno para o curso sobre carreiras no esporte no primeiro semestre de 2020. O projeto foi concebido para atender o público interessado em conhecer a indústria esportiva e, eventualmente, começar a atuar no setor. Um projeto essencialmente "B2P" (*business to professional*), para estudantes e profissionais interessados nesse fascinante mercado.

A visão da SISU sobre bastidores do esporte, movimentos da indústria e eventos esportivos é, por si só, um diferencial para oferecer ao público um projeto de *brand publishing* muito interessante. É uma pauta capaz de atrair desde o público executivo de marcas, entidades esportivas e clubes, até jovens estudantes ou mesmo consumidores finais que se sentem atraídos de maneira mais substanciosa por esse segmento.

Transmissões ao vivo de debates sobre como entrar na indústria do esporte contaram com a participação de personalidades do setor. Leonardo, ex-jogador de futebol tetracampeão mundial pela seleção, e campeão mundial pelo São Paulo em 1993, foi o primeiro convidado para uma *live* sobre o tema.

Também foi realizada uma série de debates comandada pelo jornalista esportivo Eduardo Tironi. Tironi passou pelo LANCE!, onde trabalhamos juntos, e pela ESPN. Agora, entre outras atividades na mídia esportiva, é âncora de um excelente e bem-sucedido canal no YouTube sobre futebol, com ênfase declarada no São Paulo FC (o que, diga-se de passagem, demonstra o potencial da mídia independente em revelar seu posicionamento, para o bem da transparência e da construção de sua audiência).

Voltando da breve digressão, outros campeões de audiência do Sport Insider foram conteúdos curados sobre a história de competições esportivas ou sobre camarotes no Maracanã - outro negócio do grupo, aliás. Para Carlos Eduardo Caruso Ferreira, o Cadu, um dos fundadores do grupo SISU:

> *"Estamos entendendo, aos poucos, como pensar como publisher para, com qualidade, trabalhar com grande volume de informação editorial, com consumo utilitário, frequente, principalmente via telefone celular. A audiência da nossa indústria busca esse tipo de informação e a trajetória do Sport Insider tem nos ensinado o que é informação relevante no meio digital."*

Quando o Sport Insider se preparava para escalar a audiência em 2020, veio a pandemia. Com ela, o esvaziamento dos estádios e eventos que demandam aglomerações, justamente foco do negócio da SISU. Certamente, a SISU foi, na carteira de clientes da Barões em 2020, o grupo mais intrinsecamente afetado pela pandemia.

Isso gerou uma desaceleração de todas as frentes de negócios e comunicação. Inclusive do Sport Insider que, apesar de perder a pegada inicial, não parou. Já o curso on-line perdeu o ritmo, o *timing*, e teve um tímido lançamento, que não justificou o esforço inicial. Esse aprendizado gerou a revisão da estratégia de educação, com ênfase em parcerias no setor de educação profissional. Como consequência dessa revisão, o Sport Insider já conta com a publicação de conteúdos do Insper Sport Business, parceria que revela o bom posicionamento do *hub*.

Em 2022, se preparando para a retomada após uma eficiente gestão durante a crise econômica, o Sport Insider continua com uma audiência qualificada, centenas de palavras indexadas no Google e uma cobertura que começa a voltar a crescer, na medida que as atividades das marcas, dos anunciantes e de toda indústria do esporte vão encontrando novos modelos. Enquanto isso, Carlos Eduardo, o Cadu, que tem como cerne da sua carreira a valorização da educação profissional, com uma pioneira credencial pelo FIFA Master antes de fundar o grupo SISU, está focado em tornar o Sport Insider em um ativo para a indústria de esporte - inclusive, para ser um observatório nessa fase de rearranjo das indústrias esportiva e de mídia:

> *"Temos que continuar no caminho e colher os resultados, que já aparecem. Em 2022, fizemos o lançamento de um patrocinador de vários atletas Olímpicos. O nosso diretor de patrocínio procurou o Sport Insider para planejar a cobertura e garantir visibilidade a esse evento. Esse é o benefício que a empresa já começa a enxergar. Conforme o Sport Insider vai ganhando relevância, ele passa a ser um veículo interessante de canal de voz do universo da SISU para o mercado, com controle total das informações, que são editoriais e têm natural visibilidade. A gente dá legitimidade e espaço para falar sobre os eventos, os bastidores e como funciona a nossa indústria. Agora vamos construir a audiência, que depende da consistência do projeto, com resiliência e visão de longo prazo."*

Habitability | MRV&CO

Fonte: https://habitability.com.br/

Costumo dizer que, ao se tratar de *brand publishing*, essa nova e poderosa frente da comunicação digital, todas as conversas com pessoas inteligentes, e cientes da transição midiática, dão resultados muito positivos. Mesmo se o resultado não for comercial.

Afinal, a troca de ideias e referências sobre mídia proprietária, por si só, é muito valiosa, pois ajuda a expandir o conceito pelo mercado. Foi o que aconteceu com Walter Romano Curi, o Waltinho, então gerente de mídias proprietárias da Petrobras, com quem tive conversas profícuas sobre a comunicação editorial proprietária, no final da década de 2010.

Na época, o modelo do *brand publishing* estava engatinhando no Brasil e a Barões abria interlocução com empresas relevantes para discutir o tema. Portanto, a conversa transcendia a relação comercial: ambos víamos com nitidez o inexorável papel de protagonista do *brand publishing* na comunicação das marcas. Afinal, Walter Romano é formado em publicidade pela PUC-BH, com mestrado em marketing pela UFMG, e tem experiência pioneira no desenvolvimento da gerência de mídia proprietária da Petrobras.

Por isso aceitei com prazer o convite para dar palestra para parte da equipe de comunicação da Petrobras, no dia 9 de janeiro de 2019. Também tive algumas reuniões conceituais com a equipe de mídia proprietária. Para mim, cada conversa com a petroleira era um estímulo, pois estavam ali interlocutores da área de comunicação de uma das maiores empresas do mundo. Meu esforço, no mínimo, iria ajudar a difundir a metodologia profissional de *brand publishing* entre profissionais qualificados.

Acontece que o Walter, após um feliz redirecionamento de carreira, saiu da Petrobras em 2019 e foi para a MRV&CO, maior grupo de construção residencial da América Latina, detentor da MRV (entre Petrobras e MRV&CO, Waltinho passou brevemente pela Fundação Dom Cabral, o suficiente para plantar a semente do Seja Relevante, portal que também é *case* neste livro).

Em junho de 2021, assumiu a cadeira de Gestor de Brand Publishing da MRV&CO, área também estruturada por ele, com fundamental apoio da Aléxia Duffles, diretora de Marketing e Comunicação do grupo.

> *"Em 2021, recebi um convite para estruturar uma área de Brand Publishing no grupo MRV&CO. As marcas do grupo têm já uma atuação muito intensa de publicidade, não só institucional, mas também comercial, para geração de leads. E também uma assessoria de imprensa superestruturada para sua atuação no Brasil inteiro, bem como patrocínios. Uma realidade semelhante à da Petrobras, mas agora com a visão clara de crescer através de mídia proprietária de recorrência de conteúdos, de assumir essa autoridade nos territórios: afinal, a marca tem potência para ocupar esses espaços. A gente está começando isso agora e, até o momento, tem sido muito positiva essa jornada."*

Com seu perfil de gestor da "comunicação contemporânea", como ele mesmo define, Waltinho conseguiu fazer a área de *brand publishing* da MRV&CO crescer rápido. A contratação da Barões foi concretizada através de concorrência de mercado, e o grupo lançou dois *hubs*. Primeiro, em agosto de 2021, o Habitability, e em novembro de 2021, o Sonhar & Morar.

O Habitability é um portal sobre o futuro da habitação, voltado para as indústrias brasileiras de construção civil, arquitetura e urbanismo e entidades governamentais e não-governamentais. Com um posicionamento editorial arrojado, o Habitability fala sobre urbanismo, tendências de mercado, cidades inteligentes, inovação e ESG, com ênfase no S, de social. Logo no começo do projeto, a entrevista com o octogenário Jan Gehl, arquiteto e urbanista dinamarquês, lenda viva de âmbito global, definiu a ambição editorial do grupo MRV. As matérias do *hub* são compartilhadas frequentemente em grupos de debate sobre sustentabilidade via WhatsApp e outras redes sociais.

O Habitability também se expandiu em formatos, como o *podcast* homônimo, apresentado pelo jornalista Luiz Gustavo Pacete, e produzido pela Wepod, produtora especializada em *podcast*. A evolução de sua "jornada editorial de conteúdo" faz com que o Habitability congregue vozes relevantes do mercado e lance seu primeiro desdobramento no formato de evento proprietário: o prêmio Habitability.

O crescimento do Habitability como uma plataforma proprietária de comunicação editorial digital acontece a partir da visão de *publisher* que tem sido implantada na MRV&CO. Aléxia, Walter e toda a equipe de *brand publishing* trabalham com muito afinco na mudança cultural da comunicação do grupo, que passa a valorizar o processo técnico integral e a consistência da gestão contínua:

> *"[...] é preciso entender o que é nova mídia, hoje muito mais cirúrgica, pois você está falando com comunidades ao redor da sua marca que têm expectativas em relação a você, em um processo informativo e educacional, integrado a um bom processo de comunicação editorial contínuo, com volume e consistência."*

A MRV, principal empresa do portfólio do grupo, também lançou, poucos meses depois, o Sonhar & Morar. Esse já é um portal B2C, focado no público da construtora. Com um posicionamento editorial sobre moradia, decoração e compra de imóveis, o projeto fala com pessoas que querem comprar um apartamento para morar.

Como esse é o *"core"* da MRV, o Sonhar & Morar já desfruta de uma audiência grande, com bom desempenho em SEO a partir da integração de conteúdos legados, que estavam fragmentados em diferentes plataformas. Além de muito conteúdo multimídia, o Sonhar & Morar fornece um consumo de informação editorial mais lúdico, inclusive com *web stories* que fazem muito sucesso. Com legitimidade, sem priorizar a comunicação autorreferente:

> *"Antes, as pessoas não imaginavam ser possível existir um projeto de comunicação não-autorreferente. Mas agora o que a gente mais ouve é: 'Uau! Vocês criaram algo que não fala só sobre a marca? É disso que o mundo precisava'. Estou cansado de ver marcas gritando. A visão contemporânea para as marcas é: 'mais conversas relevantes, e menos gritaria'. É importante se conectar de uma forma mais humana com o público e perceber que os próximos anos estão favoráveis a isso."*

Com um bem-sucedido caminho iniciado como marca publicadora, Walter e equipe agora têm o desafio de transformar a MRV&CO em um dos mais potentes *players* de mídia proprietária nos setores em que o grupo atua. Walter prevê que a corrida por autoridade através do *publishing* é inevitável, e que esse movimento reflete o movimento cultural do mercado e das audiências:

> *"[...] no primeiro momento haverá uma corrida de ocupação de território, para ver quais marcas vão liderar essa autoridade temática, na lógica de publishing. As grandes marcas, cada vez mais, vão ter esse papel de informação com a audiência, inclusive em entretenimento, que extrapola o publishing editorial, aproximando-se como creators nessa construção narrativa. Os próprios prêmios como, por exemplo, Cannes, que já começa a privilegiar processos informativos das marcas, também. Cada vez mais a comunicação será menos uma bolha envernizada e terá mais conteúdo e informação, com olhar antropológico que a prepare para participar do debate no dia a dia, na lógica de publishing. Acho que a lógica vai se inverter: primeiro, nas ações editoriais, para identificar oportunidades de campanhas legítimas. Muda tudo: a lógica de pensar o produto, de comunicar, do papel da marca. A comunicação é um reflexo claro dessa mudança."*

Hub do Café | Cooxupé

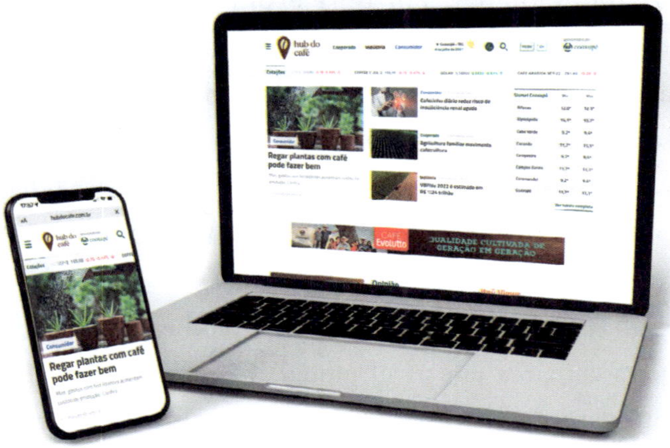

Fonte: https://hubdocafe.com.br/

Fui criado em Furnas, no sudoeste de Minas Gerais, e venho de família de pequenos cafeicultores de Nova Resende, cidade cafeeira da região. Portanto, desde que me entendo por gente, a Cooxupé é onipresente, pois é protagonista da comercialização de café. Eu mesmo fui cooperado por mais de duas décadas, por ter (compulsórias) operações no setor, coisa de precoce orfandade.

Então, quando conversei com Osvaldo Bachião Filho, vice-presidente da Cooxupé, e também de Nova Resende, o assunto que predominou não foi a lavoura ou a longa amizade entre nossas famílias, mas sim a marca Cooxupé. Já sabia que era a maior cooperativa do mundo: se fosse um país, seria o 6º maior exportador do planeta.

Sabia da autoridade da marca e da honra que seria ajudá-la a ser um relevante *publisher* digital, uma vez que já é um *case* bem-sucedido de *"print brand publisher"*, com o tradicional e pertinente jornal impresso Folha Rural, fundado em 1970. Em junho de 2022, tinha tiragem de 15.500 exemplares por mês.

Assim, não foi propriamente uma disrupção o conceito de *brand publishing* digital. Foi uma evolução clara da posição da Cooxupé como *publisher*. Agora, sob os critérios e oportunidades da plataforma digital. Após o necessário processo de amadurecimento decisório, o projeto foi muito bem compreendido por toda a organização, sobretudo por causa da lúcida e eficiente liderança de Jorge Florêncio Ribeiro Neto, gestor de marketing e comunicação da Cooxupé.

Há 45 anos na organização, Jorge também é oriundo da região e opera a marca em nível global. Com precisão, ele relata o movimento natural do *print brand publishing* impresso para o *brand publishing* digital, com o domínio total do conceito de que "o meio é a mensagem":

> *"[...] o que a gente muda a partir do momento que adota o digital? A gente muda o meio de fazer essa informação chegar; mais rápido, com ótima resolução de imagem e, de quebra, com sustentabilidade. Trazer o brand publishing digital para Cooxupé passou pelo desafio de criar uma arquitetura para a audiência do cooperado, do produtor, da indústria e do consumidor, sempre sobre o tema café. A gente fez um novo Folha Rural, moderno, superatualizado, com um outro meio para que a informação chegue para nossos públicos-alvos. A Cooxupé já é publisher - o que muda é o formato e eu, pessoalmente, acho que é uma mudança muito boa."*

Jorge e os demais profissionais envolvidos elaboraram o plano de *brand publishing* com o posicionamento editorial voltado para o produtor de café (em especial, o cooperado), para a indústria e os consumidores finais - naturalmente, os mais ligados na potente cafeicultura brasileira. O "Hub do Café" - que curiosamente também ressalta o formato do meio em seu título, assim como "Folha Rural" - explodiu muito rápido: lançado em setembro de 2021, nos primeiros três meses já acumulava 250 mil usuários.

Pautas sobre lavoura de café, plantação, colheita, safra e informações econômicas acompanham o dinamismo dos cooperados, que atuam na produção. Mas o Hub do Café expande a lente e se articula com a indústria global, inclusive com uma página em inglês, com uma curadoria dos conteúdos de interesse da audiência internacional. O Hub do Café também construiu uma robusta área de opinião, que reúne como articulistas nomes de líderes da indústria, agentes governamentais e acadêmicos, que legitima a autoridade da Cooxupé como um *think tank* do setor. Já matérias sobre *skin care* com borra de café, ou os mitos do café com limão, são pensadas, desde a sua origem, para serem distribuídas a consumidores finais, em especial, *coffee lovers*. Afinal, quem gosta de café precisa conhecer a Cooxupé.

> *"A nossa proposta como publisher é levar informação de qualidade através de um hub que tem uma forte retaguarda, tem acesso a bastidores, tem networking global, tem capacidade de curar, fazer reports, sem contar as informações em tempo real, críticas para o setor, como cotações, clima e integração a outros canais de distribuição. Então, para cumprir a proposta central, que é levar informação de qualidade, tem uma engenharia grande por trás disso; uma "engenhoca", como a gente fala aqui em São Pedro da União, para fazer tudo isso funcionar."*

Por isso, o projeto já nasceu integrado, desde o início do planejamento, com a TI Corporativa da empresa, com uma visão processual das integrações técnicas e de dados a outras plataformas de informação da cooperativa. Já foram estabelecidas as perspectivas de integração a produtos e canais, atuais e futuros. O processo de conteúdo conta com a produção da Phábrica de Ideias, agência que atende a Cooxupé há décadas.

Com um processo de trabalho bem organizado, o *brand publishing* tem contribuído, efetivamente, na preparação da Cooxupé para uma internet *cookieless* e em *compliance* com marcos regulatórios digitais, como a Lei Geral de Proteção de Dados (LGPD), para, com isso, conquistar visibilidade, através de informações especializadas e proporcionais à sua atuação nesse mundialmente apreciado mercado de café.

Na visão límpida do Jorge e da Cooxupé, esse plano já está traçado até 2028, após consultoria da Ernst & Young feita em 2020 e 2021, que resultou em uma agenda com 7 frentes:

> *"A Cooxupé já tem escrito e registrado seu plano estratégico até 2028, e a comunicação tem um papel importantíssimo nessa agenda. Temos muitos desafios de relacionamento, mídia e desenvolvimento da marca. E a maior dedicação da macroagenda da comunicação, dentro do plano estratégico, é criar mais musculatura digital, com foco em visibilidade e credibilidade. O "Hub do Café" ajuda a comunicação em seu grande desafio, tanto no aspecto técnico da informação digital, quanto na articulação com o mercado e com as demais áreas da organização. Pois, dentro do nosso horizonte já planejado, o futuro, sem sombra de dúvidas, será predominantemente digital, combinado com as demais frentes, como Folha Rural, televisão e rádio."*

Seja Relevante | FDC

Fonte: https://sejarelevante.com.br/

Também em 2021, a Fundação Dom Cabral, a mais prestigiada instituição de educação executiva do país, decidiu se apoiar na comunicação editorial proprietária digital, em nível profissional.

Fundamentada pelo planejamento conduzido por Luciana Machado, gerente de comunicação corporativa, a FDC lançou o *hub* Seja Relevante na virada de 2021 para 2022. O Seja Relevante foi lançado como um serviço de comunicação editorial que trata de pautas relacionadas aos campos temáticos da instituição, como Estratégia e Governança, Liderança, Desenvolvimento de Médias Empresas, Inovação e Transformação Digital, dentre outros, e que estão representados no *hub* pelas categorias de negócios, gestão, carreira e impacto social.

Aprovar um projeto dessa natureza em uma instituição que preza pela excelência de seus conteúdos, apesar de intuitivo, não é fácil. Foram muitas horas de debates e discussões com a liderança da Fundação, incluindo com seu fundador, o professor Emerson Almeida, e com o presidente da organização, Antonio Batista da Silva Junior.

Na visão de Antonio Batista, começar a pensar como *publisher* seria uma oportunidade de a FDC ter uma plataforma "*audience in* e não *product out*". Trocando em miúdos, tratar de temas e tendências que interessam à audiência - de fundadores e *C-Level* de organizações a estudantes que estão escolhendo uma carreira -, calcada na posição de *publisher* especializado, equilibrando essa nova mentalidade com a cultura já estabelecida, de promover os produtos e serviços da Fundação. Já o professor Emerson viu na iniciativa uma oportunidade de transpor as fronteiras da marca da Fundação Dom Cabral, que é *top* 10 no mundo em ensino executivo, dentre as escolas de educação executiva participantes do *ranking* do Financial Times, porém com uma visibilidade muito concentrada no sudeste do Brasil, em especial em Belo Horizonte, sede da FDC.

O projeto foi instalado sob gestão do diretor de marketing da instituição, Daniel Aguado, que assumiu a cadeira em janeiro de 2022. Com 20 anos de carreira, com sólidas passagens por grandes marcas como Redecard e LATAM, entrou na Fundação sucedendo o Paulo Emílio Carneiro, decano ex-VP do grupo, que deu início à implantação do projeto. Aguado enxergou, logo de cara, a pertinência da FDC em se tornar *publisher*, seja pelo pioneirismo no segmento, seja pelos aspectos de visibilidade da marca:

> *"É um projeto muito inovador. Olhando muito para o nosso mercado, acho que o Seja Relevante tem um pioneirismo. E que faz com que a Fundação Dom Cabral dê um passo muito importante. Nesse projeto específico, acho que a gente tem que cuidar muito de dois pilares: um deles é o da audiência. A forma como eu construo e cuido dessa audiência. Porque ela me ajuda com muitas outras coisas, como gerar negócio, ganhar corpo como marca e dar relevância para os nossos programas. E o segundo é a geração do conteúdo em si. Como esse conteúdo gera relevância para as pessoas? A marca precisa ser referenciada a partir do conteúdo que produz e distribui.*

> *Lembrando que, na FDC, a gente tem vários campos temáticos a que precisamos dar visibilidade. Tanto no ponto acadêmico, pois temos pesquisas, quanto para o mercado, pois somos uma instituição que forma executivos."*

Já Luciana Machado, publicitária por formação, que passou por agências de publicidade antes de entrar na FDC, se debruçou sobre a pesquisa e o entendimento do *brand publishing* e preparou o terreno para o bem-sucedido lançamento.

> *"Foram necessárias muitas reuniões de convencimento interno. Um projeto como esse exige uma grande integração a outras ações. Não pode funcionar de forma isolada. E por que a gente defendeu isso? Porque, para a gente, era óbvio que a FDC, como instituição de ensino, precisava ser a pioneira nisso. Convencemos com dados, com fundamentos e com teorias que o Seja Relevante não seria um blog ou um simples portal; que ele seria uma plataforma importante para nos posicionarmos como um think action tank."*

O termo *think action tank*, aliás, é utilizado para expressar como a FDC se enxerga: como um agente de produção de conhecimento, pesquisa e informação, mas também de ação, com impactos práticos na sociedade brasileira, através das empresas, organizações, profissionais e estudantes, inclusive, na frente social. Com o objetivo de ser, literalmente e cada vez mais, relevante para os públicos de interesse e para o desenvolvimento da sociedade brasileira.

Por isso o projeto de *brand publishing* caiu como uma luva na estratégia da instituição. Ainda na fase de MVP (sigla em inglês para "Produto Mínimo Viável"), surgiu o primeiro caso de sucesso, como um conteúdo *"hero"* que vale o destaque: a análise do professor Paulo Vicente dos Santos Alves sobre a guerra na Ucrânia. O artigo, publicado em

24 de fevereiro de 2022, logo no início dos combates, traz como cerne a transição tecnológica da sociedade e sua direta relação com o conflito entre Rússia e Ucrânia. Foi o primeiro *"hit"* de audiência, com 125 mil *page views* - e contando - em pouco mais de quatro meses.

A plataforma agora se prepara para, nos próximos semestres, se consolidar como uma turbina de dados, relacionando, inclusive, cada conteúdo publicado com os campos temáticos da instituição, para entendimento do comportamento e demanda da crescente audiência do *hub*.

Com esse tipo de dados tratados de maneira sistemática, as decisões sobre integração e expansão da Fundação Dom Cabral no ecossistema digital ficarão muito mais claras para as áreas acadêmicas, de negócios, de impacto social e de marketing da FDC. A estrutura de governança do Seja Relevante, que trabalha de forma matricial, conta com o apoio de André Proença, VP Executivo da instituição, que ajuda na integração do projeto às demais áreas da FDC, sobretudo com o Comitê Editorial.

Comitê editorial que é composto por lideranças dessas áreas e que se reúne uma vez por mês para avaliar a evolução e ajudar no direcionamento do projeto de *brand publishing* em todas suas camadas: plataforma, conteúdo, distribuição, dados e resultados. Tal processo gera aprendizado corporativo sobre *brand publishing* e mídia proprietária, com consequente multiplicação do conceito dentro da organização e fora dela: afinal, a FDC é um exemplo em gestão, governança e propósito para todas as organizações brasileiras.

Novos brand publishers no quarteirão

Os *cases* anteriores foram elencados por ordem cronológica, sendo que todos foram lançados até 2021. Ou seja, durante a redação deste livro, em 2022, esses *cases* já tinham consolidado suas fases de MVP e conseguido validar, de maneira sistemática, a eficiência da comunicação editorial digital proprietária, em nível profissional.

Mas 2022 foi um ano de franca retomada de investimentos, o que favoreceu muito a disciplina de *brand publishing*, com outras marcas líderes em seus setores investindo em ativos de mídia proprietária editorial e digital. É o caso da Embratel, por exemplo, com o *hub* Próximo Nível, lançado em janeiro de 2022.

Fonte: https://proximonivel.embratel.com.br/

O projeto foi uma evolução do *blog* Mundo+Tech, lançado em 2018, que já tinha muito conteúdo publicado, porém com uma gestão descentralizada, com parceiros distintos de conteúdo, plataforma e distribuição. Essa dinâmica tornava lenta a evolução do projeto, bem como a consolidação de resultados.

A Barões atuou como integradora do projeto, assumindo todas as camadas do *brand publishing* junto à área de comunicação, liderada pela executiva Mariana Abreu Carneiro, diretora de comunicação da Embratel.

Foi feito um reposicionamento editorial e de marca e, em seis meses, o *hub* Próximo Nível já figurava no *top* 10 de *publishers* de Inovação, Transformação Digital, TI e Telecom para o setor corporativo, foco da marca Embratel – que no século XX era um ícone do B2C, e hoje atua exclusivamente com B2B, como uma unidade corporativa da Claro. Mais do que os resultados do novo processo, Mariana enxerga a governança como um diferencial da implantação adequada de um projeto de *brand publishing*:

> *"O brand publishing agrega uma fase essencial, que é a de planejamento e engajamento das lideranças da companhia. O Conselho Editorial do Próximo Nível, que envolve diretores e lideranças de todas as áreas da marca, é um fórum muito nobre."*

Outro líder que se movimentou no mesmo sentido foi a Marfrig, multinacional brasileira, líder em âmbito global no mercado de carnes. Com o Prato do Amanhã, a Marfrig foi a primeira empresa do setor a se tornar *publisher*, com um *hub* sobre sustentabilidade, inovação e ESG. O Prato do Amanhã, com a assinatura da Marfrig, se posiciona como um observatório que ajuda a promover os avanços socioambientais necessários para a agropecuária.

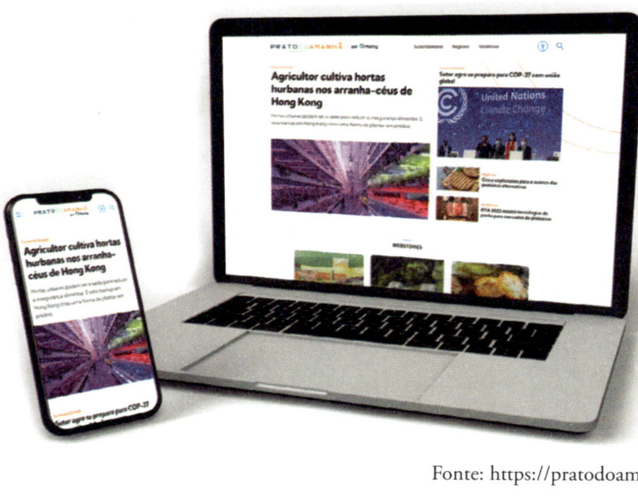

Fonte: https://pratodoamanha.com.br/

Segundo Paulo Pianez, em declaração para o Meio & Mensagem, numa matéria do dia 13 de junho de 2022:

> *"Prato do Amanhã contribuirá para encontrarmos soluções que conciliam produção com inovação e preservação do meio ambiente, rumo a uma pecuária cada vez mais sustentável na prática."*

O Banco Itaú, o maior banco da América Latina, foi outra organização que entrou de vez na frente de *brand publishing* editorial proprietário e digital. Em seu primeiro movimento, em parceria com o grupo Globo, lançou o portal Inteligência Financeira ainda em 2021, como um serviço de informações sobre finanças pessoais, investimentos, economia e mercado financeiro. Isso levou o executivo Leandro Modé, então superintendente de comunicação corporativa e relações governamentais, a assumir o cargo de CEO do Inteligência Financeira.

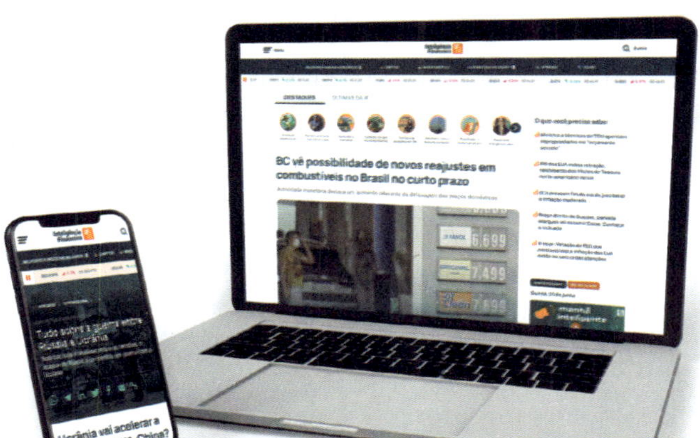

Fonte: https://inteligenciafinanceira.com.br/

No processo de escalada do Inteligência Financeira, Leandro constatou que o desafio é ainda maior. Não basta lançar um produto isolado, é preciso estruturar um processo de *publishing* em nível profissional, sobretudo para uma organização com 90 mil funcionários, que tem um trabalho de publicidade paradigmático e uma assessoria de imprensa muito estruturada.

Esse mesmo nível de excelência em processo e governança de comunicação deve ser estendido para a mídia proprietária editorial. Para Leandro, o IF é o primeiro passo para a estruturação de uma *publishing house*, como uma nova área de comunicação e negócios do Itaú:

> *"Estamos no momento da fundação de uma área de negócio, tendo o conteúdo como centro da estratégia da comunicação. Entendemos que as pessoas estão atrás de informação de qualidade, e o Itaú pode oferecer esse serviço de maneira estruturada, através de um publishing editorial focado nos clientes, que ajude as pessoas. É preciso transformar esse embrião, que é a Inteligência Financeira, em uma área que trabalhe conteúdo editorial e traga resultados para o banco, ancorados nas várias avenidas de negócios potenciais. A frente de publishing vai ter um olhar de reputação e awareness e, também, certamente, de geração de negócios, com uso de dados através de uma audiência legítima e com todo esse processo integrado às áreas de negócios do banco."*

Por último, no fechamento deste livro, a Beauty Fair, empresa do grupo Ikesaki, organizadora de uma das maiores feiras sobre a indústria de beleza e cosmético no mundo, que também decidiu ampliar sua atuação como marca geradora de conteúdo especializado através do *brand publishing*.

A Beauty Fair, que organiza dezenas de eventos, viagens e cursos todos os anos, se preparou para lançar um portal voltado para o setor profissional de beleza - um setor que movimenta cerca de US$ 45 bilhões por ano no Brasil. O *hub* "Negócios de Beleza" da Beauty Fair é B2P, ou seja, voltado para profissionais, indústria, comércio e empreendedores do setor de beleza.

Fonte: https://negociosdebeleza.beautyfair.com.br/

Implantado sob liderança de Deborah Huff, gestora de comunicação da marca, o projeto foi planejado para ser um ativo permanente de informação e educação para profissionais do segmento. A Beauty Fair acredita no *brand publishing* como frente para expansão de negócios, segundo declaração de Cesar Tsukuda, diretor geral da organização, durante o processo de planejamento do ativo:

> *"Relacionamento e conteúdo são as coisas mais importantes para a Beauty Fair. Os eventos geram conteúdo e relacionamento, mas duram poucos dias. Com o hub poderemos nos relacionar com o público durante o ano todo."*

Mais 3 cases brasileiros

É fácil observar que, desde a fundação da Barões, em 2017, o mercado de *brand publishing* evoluiu muito no Brasil. A Barões contribuiu muito para colocar o país na vanguarda da disciplina - a ponto de já virarmos *benchmark* para outros países. Mas esse esforço da Barões, ainda bem, nunca foi solitário. A seguir, três *cases* de marcas que, com outros parceiros ou recursos internos, construíram projetos de *brand publishing* editorial de muito sucesso, com desdobramentos surpreendentes.

Morse | Hands

Fonte: https://morse-news.com/

A *newsletter* Morse nasceu em 2018, como um projeto de *brand publishing* da Hands, empresa brasileira de mídia móvel. Desde então virou referência em informações de muita qualidade sobre inovação tecnológica, tendências e comportamento. Até desenvolveu um formato de conteúdo original, derivado de curadoria de entrevistas, a "Ghost Interview".

O modelo se estabeleceu como um formato engenhoso, que combina "conteúdo *hub*" curado em diversas plataformas para produzir "conteúdo *hero*" muito inteligente - conteúdos *"hub"*, *"help"* e *"hero"*, a propósito, serão conceitos que aprofundaremos no capítulo de metodologia, mais pra frente. Esse formato "entrevista fantasma" gerou bons materiais inéditos, com personalidades do mundo da mídia digital, como os fundadores do TikTok e do Telegram, por exemplo.

A Morse, que hoje conta com mais de 16 mil assinantes, já teve experiência como programa de TV, na TV Claro, em 2020, e hoje produz o Morsecast, um dos *podcasts* mais interessantes do setor. Esse projeto rendeu muita visibilidade para a Hands no mercado digital. Segundo João Carvalho, o Johnny, CEO da Hands:

> *"[...] o brand publishing nos permitiu abordar pessoas do mercado inteiro, não em nome da Hands, mas da Morse, por causa da autoridade que construímos. Já chegamos a abordar na rua um CEO de uma grande empresa de tecnologia para um podcast, e ele aceitou participar. Essa autoridade abriu muitas portas para a Hands."*

Com experiência em *newsletter*, TV e *podcast*, o projeto Morse se tornou o embrião para a estruturação de uma nova *startup*. Cientes do poder da comunicação editorial para desenvolver o mercado, o grupo Hands elaborou um *marketplace* de soluções para transformação digital para negócios de pequeno e médio portes. A princípio, o *marketplace* se chamaria Morse. No entanto, durante o processo de lançamento, de acordo com Johnny, o *marketplace* passou por um *rebranding* e virou o Digitaliza.ai.

Essa solução permite que a *newsletter* Morse continue como uma plataforma de comunicação editorial para o grupo Hands como um todo.

Já o Digitaliza.ai, a partir dessa experiência bem-sucedida com a Morse, deve lançar um projeto de *brand publishing* com uma linha editorial mais tática, como Johnny contou para o livro.

O Digitaliza.ai, inclusive, pretende expandir sua atuação para a educação profissional, na linha B2P, com objetivo de preparar mão de obra para o demandante mercado de negócios digitais no Brasil.

Segredos de Salão | L'Oréal

Fonte: https://www.segredosdesalao.com.br/

Não seria correto lançar um livro sobre *brand publishing* editorial no Brasil, se não tivesse um caso de sucesso brasileiro da L'Oréal. Afinal, desde sua fundação, em 2017, a Barões se inspirou muito nesse *case*, bem como na abordagem da Webedia, empresa francesa especialista em *brand publishing*, que também foi pioneira no desenvolvimento da disciplina no país.

Inclusive, como você já sabe, o Makeup.com foi um dos *cases* destacados na parte internacional deste capítulo. Devido ao sucesso na criação de ativos editoriais digitais, no Brasil a empresa francesa de cosméticos também tem uma operação muito robusta, com propriedades editoriais como o Segredos de Salão - projeto da divisão de produtos profissionais do Grupo L'Oréal (L'Oréal Professionnel, Kérastase e Redken). Em suma, um projeto "B2P", voltado para profissionais do setor.

O Segredos de Salão se posiciona como um portal de tendências de beleza com olhar profissional, inclusive com integração ao instituto L'Oréal, especializado na formação de profissionais. Fundado em 2015, já registrou meses com audiência de mais de 1 milhão e 500 mil visitas mensais, segundo informações de mercado.

Outros exemplos de projetos da L'Oréal no Brasil são o "Beleza Extraordinária", o portal "Fique Diva", da marca Niely, entre outras iniciativas. Essa profícua atuação como *publisher* digital reforça a expertise e a liderança da L'Oréal como marca publicadora de muito sucesso, em âmbito global, com forte atuação no Brasil.

CyberCook | Carrefour

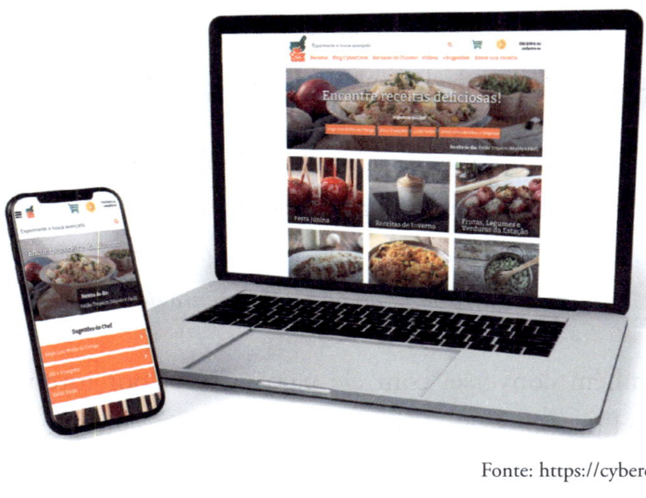

Fonte: https://cybercook.com.br/

Outro caso nacional interessante é a aquisição do portal Cybercook pelo Carrefour. Aqui, aproveito o caso de sucesso para abordar o tema "aquisição de portais", uma linha que marcas têm seguido para entrar no jogo do *brand publishing* editorial já com grande audiência.

Uma matéria da Exame, outro veículo adquirido recentemente por uma marca, o BTG, explica por que o Carrefour comprou um site de receita, e apura que o valor da transação foi estimado em R$ 10 milhões. A matéria explica que, além de oferecer um serviço editorial de qualidade para os consumidores, o portal deve trazer audiência para o site do Carrefour, estratégia que compõe um robusto ecossistema de mídias proprietárias devidamente integrado, em linha com o trabalho de transformação digital do grupo:

> *"Mais do que ajudar o consumidor a planejar o jantar, o site também oferece um tesouro para o grupo Carrefour: uma montanha de dados. Com 4 milhões de usuários por mês e com a ajuda de inteligência artificial, é possível identificar tendências e hábitos de consumo."*

Alexandre Canatella, fundador do Cybercook, que após a venda da propriedade assumiu por dois anos a posição de diretor de Negócios Digitais do Carrefour, declara na matéria da Exame:

> *"A análise do comportamento e dos hábitos do consumidor no meio digital possibilita avançar de maneira rápida e assertiva na oferta de serviços com tecnologia e eficiência, expertise totalmente alinhada ao posicionamento do Grupo Carrefour."*

Também conversei com ele para o livro, por intermédio da Camila de Lira, que se aprofundou no ponto nevrálgico desse tipo de modelo: o preparo da empresa compradora para integrar um negócio de *publishing*, sob o risco de não conseguir extrair valor do ativo.

Como o Alexandre teve a experiência de vender o Cybercook para o Carrefour e, ato contínuo, integrá-lo à operação do grupo varejista, ele alerta que esse é um processo que leva tempo e dinheiro, para alinhamentos cultural e operacional entre as empresas.

> *"[...] tem que tomar cuidado. O mindset da corporação tem que estar preparado. No caso do Cybercook, eles compraram meus ativos, pagaram meus sócios, que saíram, mas compraram, também, durante um tempo, a minha permanência na diretoria do Carrefour. As empresas precisam ser ajudadas para que o onboard seja eficiente para a captura de valor. A empresa tem de aprender a classificar o que está comprando, se é conteúdo, informação, plataforma ou o 'poder da audiência', como dados, cookies, cadastros da leitura de BI, e por aí vai. Isso tem que ser muito claro."*

Portanto, apesar de não ser um desafio exatamente prosaico, a aquisição de *publishers* independentes tem sido movimento observado em diferentes marcas. A XP, por exemplo, além de ter uma operação forte de *publishing* digital que leva a marca da empresa, também é dona da Infomoney. A Magalu comprou os sites Canaltech e Jovem Nerd, para integrá-los às suas operações digitais. Até a citada Exame foi comprada da Abril pelo banco BTG.

Laura Lopes, do QuintoAndar, aponta que essa questão de comprar tem relação com a capacidade da organização compradora de administrar e integrar, em seu portfólio, um ativo de mídia, sabendo que, de qualquer maneira, os resultados não vêm a curto prazo:

> *"São dois caminhos completamente diferentes. Uma coisa é comprar algo que já está pronto e associar a ele sua marca. Outra coisa é construir uma audiência do zero. Em qualquer um dos caminhos, junto a essa consciência da importância da mídia proprietária, é preciso também ter outro tipo de consciência: de que o resultado não é imediato."*

De fato, a questão de aquisição ou construção tem prós e contras. Enquanto o movimento de aquisição já parte com uma audiência construída, e isso tem imenso valor, a empresa compradora tem um trabalho intenso de integração para ajustar tanto os aspectos culturais, quanto técnicos. Já a construção da audiência leva tempo, mas a marca constrói o ativo desde a origem, alinhada com seu conjunto de crenças, valores e cultura de gestão.

A Barões ainda não entrou nesse tipo de negócio de aquisição, o que não a impede de fazer no futuro. Acreditamos muito no processo de construção porque, no fim das contas, o tempo será um recurso fundamental, de qualquer maneira (em nossa conversa com Canatella, o profissional classificou o "Tempo" como o verdadeiro "Rei" do processo de integração).

Por isso não vou me aprofundar nesse caminho de aquisição, mas vale registrá-lo com esse *case* nacional, pois também é um caminho legítimo de expansão da mídia proprietária da marca - que reforça o movimento de ocupação das marcas na arena dos *publishers* editoriais. É um fenômeno interessante, que faz parte do movimento de profissionalização das marcas no mercado de comunicação editorial.

capítulo 10

Metodologia: como estruturar toda a cadeia de valor do *brand publishing*

Quando a jornalista Camila de Lira e eu estávamos entrevistando o Andrew McLuhan para este livro, ele deu uma declaração chocante, que nos fez pular da cadeira:

> *"Para as marcas entenderem a mídia, têm que tirar o conteúdo da equação."*

Essas palavras soaram como música para nós, pois essa sempre foi a tônica da Barões Digital Publishing. Isto é, nosso sobrenome é

"Digital Publishing" justamente porque somos uma empresa de *publishing*, e não apenas de conteúdo.

Afinal, não me entendam mal, mas o conteúdo é *commodity*. Toda pessoa com um súbito momento de inspiração consegue escrever uma redação, fazer um *post*. Ou pensar, de maneira fantasiosa, em uma linha editorial qualquer. Afinal, ter ideia é fácil, o difícil é executá-la. Existem milhares de produtoras de conteúdo que produzem textos, vídeos e áudios para marcas, muitas vezes sem uma estratégia de *publishing* bem definida. Reside aí o erro crucial da comunicação editorial das marcas: muito conteúdo e pouco *publishing*.

Por isso que, na metodologia de *brand publishing*, é preciso enxergar e trabalhar o todo. Entender e operar toda a cadeia de produção, muito além do conteúdo. É preciso planejar com visão perene, ciente de que o movimento das marcas relevantes é o de se tornarem *publishers*. Portanto, a metodologia deve ser encarada como uma disciplina permanente, pois a mente humana sempre vai demandar informação correta, de qualidade e precisa. E as marcas - as que têm autoridade - vão, cada vez mais, cumprir esse papel. É o que atesta Guilherme Murtinho, CMO da Transfero:

> *"[...] a metodologia é fundamental, é vital para o brand publishing. É rotina de checkpoints, análises estruturadas, linha editorial bem definida, conselho editorial; é o método que gera o resultado final. É literalmente um trabalho de formiguinha que ninguém vê, mas é o que dá o resultado. Quando a gente vê a marca, a autoridade da Transfero através da owned media é resultado dessas organização e metodologia, que colocam a comunicação como uma área estratégica da empresa."*

A visão de McLuhan e Murtinho são convergentes. Ambos enxergam com clareza as etapas do *brand publishing* editorial. Não basta pensar apenas no conteúdo; não vai gerar resultado satisfatório - como nunca gerou, aliás. É preciso pensar na estruturação do *brand publishing* como um todo, que tem diferentes elos a serem tratados de maneira profissional. Na década de 2010, com excessivos casos desestruturados de comunicação editorial, as marcas e os fornecedores pensavam em conteúdo digital de forma bem simplória, mais ou menos assim:

Fonte: Metodologia Barões

Na verdade, para ser uma marca *publisher*, é preciso atacar todas as etapas do trabalho - do planejamento ao resultado. O nível do jogo subiu. E o processo também ficou mais evidente. Ele tem uma lógica de cadeia de valor, com a integração dos seguintes elos:

Fonte: Metodologia Barões

Afinal, conteúdo e, vá lá, talvez a parte de *layout* e UX, são as faces mais visíveis do processo de *brand publishing* editorial. Mas, como em toda atividade valiosa, a interface é apenas a ponta do *iceberg*. Como já exorcizamos a ingenuidade e o deslumbramento tolo no capítulo sobre transição midiática, sabemos que, para se estabelecer na Sociedade da Informação, uma marca precisa se estruturar, de verdade, para ser um *player* competitivo de... informação! Leandro Provedel explica:

> *"O brand publishing nos obriga a planejar melhor a comunicação como um todo. As ações começam editorialmente. Fizemos isso com o PLD Horário, com a série editorial de mulheres em posições de liderança técnica no setor de energia. Depois dos primeiros passos no hub, vem a blitz com todas as ferramentas, como mídia paga e assessoria de imprensa. Depois da blitz, quem volta a sustentar a pauta é o hub. Então, é necessário um planejamento rico não apenas da área de comunicação, mas das próprias áreas de negócios que, por sua vez, também precisam se planejar melhor para fazer uma demanda. Uma área de negócio precisa entrar em uma nova região do Brasil, por exemplo. Ao invés de queimar dinheiro com publicidade, usamos o hub para abordar aquela região, com distribuição para aquela região. Depois, de forma objetiva, a área de negócio faz uma campanha mais pontual no momento certo, otimizando recursos. Isso leva a melhor planejamento e, por consequência, a melhores resultados."*

Pois é. Leandro resumiu bem. Ficou para trás aquela época de campanhas, anúncios aprovados em cima da hora, de caos operacional, de falta de planejamento, de desperdício, de tentativa e erro que não geravam aprendizados. Nessa mesma linha, em maio de 2021, no contexto de transformação dos métodos e de privacidade, Jerry Discher, VP de plataformas de anúncios e serviços do Google, deu uma ótima declaração para o Meio & Mensagem a respeito da natureza dessa mudança:

> *"Queremos que as empresas se concentrem menos na gestão de suas campanhas de anúncios e mais em sua estratégia."*

Isso pode soar óbvio, à medida da leitura deste livro, mas na vida real não é assim. Muitos profissionais de negócios e até de comunicação ainda pensam só na ponta do *iceberg*. No produto pronto. Na interface. Esquecem toda a estruturação necessária para a real profissionalização dos processos. Esquecem completamente da fase de planejamento, que requer o envolvimento consistente e estruturado desde a origem - as áreas de negócios, como Leandro frisou muito bem.

Ainda mais no *brand publishing* que, na última década, foi confundido de maneira simplória com "conteúdo". Tudo bem, não vamos ser tão radicais como Andrew McLuhan a ponto de tirar o conteúdo da equação. Mas vale reafirmar mil vezes, se necessário for: o *brand publishing* transcende o conteúdo.

Para uma marca realmente ser relevante, é preciso pensar como *publisher* profissional toda sua metodologia: tanto a parte mais visível, quanto a "menos visível" (e de igual importância). Esse outro esquema da Barões, a seguir, mostra como existem muitas camadas pouco visíveis para o grande público, e mesmo para as demais áreas de uma organização, que são vitais para a sustentabilidade de um ativo de *brand publishing* editorial:

Fonte: Metodologia Barões

Por isso que a Barões, em todos os seus planejamentos, passa por uma metodologia que reúne todos os itens em 5 pilares técnicos claros, com as devidas integrações às diferentes áreas da empresa, como Diretoria, TI, Marketing, Comunicação e Negócios, em um processo bem mapeado:

Fonte: Metodologia Barões

E são esses itens, além de um processo de governança integrador, que serão destacados na metodologia apresentada neste capítulo. Passo a passo. Claro que os itens a seguir não se esgotam neste livro, porque em cada caso - como tudo na vida - existem nuances e particularidades. Mas todos esses passos devem ser abordados de maneira lúcida e profissional, sem concessões, para que uma marca possa estruturar, com visão de excelência, sua comunicação editorial digital.

Planejamento

Soa como uma obviedade ululante escrever que, para começar o trabalho de *brand publishing*, é preciso fazer um planejamento sério. Mas, infelizmente, já me deparei com situações em que grandes marcas desejavam construir projetos de comunicação editorial digital em 15 dias. Ainda vejo uma gigante multinacional abrir concorrência, via Mercado Eletrônico ou SAP Ariba, para o envio de proposta de *brand publishing* em quatro dias (incluindo o processo de *briefing*). Lamentável.

Nesses casos específicos - não vou citar os nomes das organizações, mas são marcas muito populares - a gente sai da mesa de negociação, claro. Até porque essa falta de planejamento beira a irresponsabilidade e a irracionalidade corporativas. Sem pensar em gestão, em governança, em aspectos estratégicos e táticos, uma marca corre riscos sérios de reputação ao sair publicando projetos de comunicação editorial.

Por isso, o planejamento de *brand publishing* não é um plano de conteúdo. É um plano que envolve aspectos estratégicos, tais como governança, método de trabalho, conselho editorial, negócios, posicionamento editorial, gestão de risco, tratamento de dados primários (LGPD), evolução da plataforma, arquitetura e usabilidade, sempre com visão pragmática sobre as etapas de resultados.

O plano também deve esmiuçar aspectos táticos, tais como *naming* de projeto (domínio), logo e *slogans*, alinhamento com áreas de negócios, alinhamento com áreas de comunicação (*paid* e *earned media*), entre outros aspectos. Os aspectos operacionais, como tom de voz da linha de jornalismo especializado, volumetria, cronogramas de desenvolvimento da plataforma, integração de dados, KPIs etc., também são mapeados no documento, que deve contar com a participação de representantes de toda a empresa.

Claro que esse documento tem que ser formalizado para que o projeto tenha consistência e gere aprendizado corporativo. E mais: não se torne um projeto isolado na comunicação, e sim um ativo digital proprietário que vai gerar valorização da marca, através de resultados que vão desde autoridade e *awareness*, à indexação permanente, à ativação de campanhas proprietárias e a dados primários, em linha com a LGPD.

Na Barões, todos os projetos têm um documento digital exclusivo do cliente, de acesso restrito, com todos os capítulos - da estratégia à operação -, a partir de entrevistas e levantamentos feitos antes do lançamento. O processo, geralmente, dura de 8 a 12 semanas, dependendo da complexidade e dinâmica corporativas.

A tangibilização do planejamento em um documento consolida todas as informações e fica disponível on-line, protegido por senha e fechado para o Google. Esse documento não é escrito em pedra, mas dá os parâmetros necessários para o trabalho avançar de maneira alinhada com a organização, inclusive perante um Conselho editorial que é instalado, e que será detalhado mais para frente. Foi o que aconteceu na Transfero. Guiga, num trocadilho do mundo de criptoativos, compara a decisão de investir em *brand publishing* com a compra de um *token* digital certeiro:

> *"O brand publishing bem planejado foi o investimento no token certo (risos)... Pois o plano, que explicava todas as etapas, nos deu muita segurança. A empresa aprendeu sobre a plataforma, sobre o conteúdo e sobre a distribuição. A gente viu a evolução do projeto e a comunicação da marca foi estruturada a partir do owned media."*

O documento também acompanha o projeto ao longo do tempo, pois todos os *checkpoints* e demais reuniões são atualizados semanalmente, o que gera também muito valor em termos de documentação e histórico do projeto. Na Barões, praticamos esse nível de planejamento, sem concessões. Preferimos não atender um cliente que não valoriza essa etapa, pois a marca que não é capaz de estruturar bem seus projetos jamais terá a consistência necessária para ser um *publisher*. Portanto, sugerimos fortemente que essa etapa seja cumprida, pelas marcas e pelos fornecedores, com foco e seriedade. Para o bem da própria marca, dos profissionais envolvidos e, sobretudo, da audiência.

Plataforma

Sabe aquele site institucional confuso, com informações comerciais, de relação com investidores, de RH, com notícias e, para piorar, com um *blog* pouco atualizado enfiado no meio disso tudo? Pois é, ficou para trás. Ao invés de pensar de maneira caótica em seu site institucional, uma marca precisa desenvolver um ecossistema de mídia proprietária, como vimos anteriormente.

A marca agora tem que pensar em seu ecossistema com a devida especialização de ativos: tem que pensar em um site institucional objetivo e bem formatado, que ofereça informações de produtos, serviços e outras requisições técnicas e legais, como relação com investidores. Tem que pensar também, de maneira autônoma, nas suas plataformas transacionais, como sistemas de atendimento ao cliente, *marketplaces* para vendas de serviços e produtos, com suas próprias regras de negócios e usabilidade. Quando extremamente pertinente, a marca pode investir em aplicativos para transações ou experiências muito específicas (como eventos proprietários e plataformas de alto valor agregado, com transmissão de direitos esportivos ou produções audiovisuais competitivas, por exemplo). E, claro, o ambiente de conteúdo especializado em comunicações editorial e informativa também precisa ter suas próprias regras de negócios, usabilidade e consumo. Por isso demanda uma abordagem especializada em consumo de conteúdo editorial, integrada aos demais ativos digitais através de dados, sustentada por uma lúcida e organizada arquitetura de ativos de mídia proprietária.

Por isso que as marcas com atuação profissional já planejam um ecossistema integrado de ativos de mídia proprietária. Inclusive, delegando ao *hub* de *brand publishing* editorial o papel de um pertinente "topo de funil", integrado a outros ativos, conforme o esquema a seguir:

Fonte: Metodologia Barões

Para a plataforma de *brand publishing* editorial, especificamente, estamos falando de um desenvolvimento vocacionado para consumo de conteúdo. Costumo dizer que a plataforma tem que ser "sexy", tem que atrair a audiência que quer se informar. Afinal, informação inteligente é "sexy". Por isso, a experiência de uso tem que favorecer o consumo de conteúdo com uma dinâmica de navegação simplificada, limpa, objetiva, com páginas que carregam rápido e trazem o conteúdo de maneira descomplicada.

Do lado da equipe de redação, no *back office*, o sistema tem que ser simples para postar, com elementos e módulos consagrados do jornalismo digital. Para João Gabriel Pereira, diretor de tecnologia e também sócio-fundador da Barões, existem sistemas já bem desenvolvidos para esse tipo de aplicação:

> *"O Wordpress, quando desenvolvido em nível profissional - com um tema customizado feito do zero e seleção criteriosa de plugins - com o core constantemente atualizado é, na minha visão, o melhor publicador para publishing editorial. Mas outros publicadores e tecnologias evoluíram bastante, principalmente o conceito de "Headless CMS". Um Content Management System headless, também conhecido como software headless ou sistema headless, é qualquer tipo de sistema de gerenciamento de conteúdo de back end em que o repositório de conteúdo, o "corpo", é separado ou desacoplado da camada de apresentação, a "cabeça". O que isso realmente significa é que um CMS headless permite que você gerencie o conteúdo em um só lugar e ainda possa implantar esse conteúdo em qualquer front end que você escolher. Além do ganho de integração em diferentes canais - qualquer sistema, software ou site pode ser alimentado pelo seu conteúdo, apenas chamando as APIs expostas pelo back end -, um CMS Headless, via de regra, é mais seguro e performático do que os CMS tradicionais."*

O esquema a seguir, da empresa Agility, especialista do ramo, demonstra graficamente a diferença entre as abordagens tradicionais e *headless* que João Gabriel explicou.

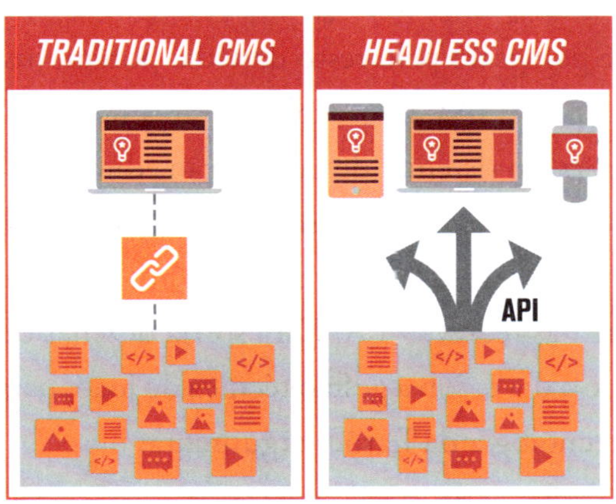

Fonte: Agility

João Gabriel ainda completa:

> *"O que não se deve fazer é desenvolver um projeto de publishing em uma plataforma vocacionada para e-commerce, por exemplo. E vice-versa. A partir de agora, as TIs corporativas terão que ser envolvidas logo no início dos desenvolvimentos dos ativos digitais, e as escolhas deverão ser feitas com maturidade técnica, respeitando a vocação e as regras de negócios de cada ativo do ecossistema de mídia proprietária de uma marca, se atentando aos sistemas, legado da empresa, e possíveis integrações de produtos e serviços."*

João aponta que o *back end*, tão importante quanto o *front end*, tem de privilegiar segurança do sistema, atualização de requisitos, desempenho, políticas de *backup*, atualização e versionamento de código, otimização para mecanismos de buscas, entre outros aspectos técnicos. Isso sem contar com gestor de conteúdo, *data studio* e aplicações para monitoramento de resultados, sempre conectados via APIs de integração.

Costumo elogiar publicamente o João Gabriel como um dos maiores desenvolvedores de *publishing* digital editorial do mundo. Sei que vou me arrepender de registrar isso, pois ele vai me encher o saco sobre esse parágrafo pelo resto da vida; porém, justiça seja feita: a sua trajetória por LANCE! e Globo na área de produtos digitais o tornou um *expert* em sistemas de publicação editorial digital. A Copa de 2014 foi um marco tanto em desempenho, quanto em segurança de informação, em uma época tensa, em que o movimento "Não vai ter Copa" era forte nas redes. O LANCE! sofria dezenas de tentativas de invasão durante o dia e, sob a gestão técnica de João, passou incólume. O diretor de tecnologia da Barões argumenta:

> *"O brand publishing tem seus próprios requisitos técnicos, em todas as dimensões. Não faz o menor sentido uma marca desenvolver sistemas com diferentes vocações, pensando de maneira monolítica. O investimento na construção de um ecossistema de mídia proprietária requer especialistas para cada frente de interação da marca com suas audiências. No caso do publishing editorial, estamos tratando de uma plataforma viva, que vai evoluir ao longo do tempo."*

João Gabriel aponta que as áreas de TI das marcas precisam observar detalhadamente, em um projeto de *brand publishing*, todos os aspectos técnicos abordados no projeto, desde infraestrutura e segurança, até qualidade de codificação, inclusive em relação a SEO e desempenho. Para isso, é fundamental que as equipes de TI estejam envolvidas no planejamento junto às demais áreas de negócios, marketing e comunicação da empresa. E completa:

> *"Esse ativo proprietário fará parte da arquitetura de sistemas da empresa, com vocação para integração a sistemas novos ou legados, como bases de relacionamento com clientes e plataformas de gestão de dados primários - processos que devem ser tratados como prioritários."*

Por isso que o processo de TI do *brand publishing* deve ser evolutivo. A manutenção da plataforma deve ser constante, pois a internet evolui muito rapidamente em seus requisitos técnicos e, ao longo dos meses, o portal deve se expandir de maneira natural e escalável (literalmente, milhares de páginas são criadas ao longo do projeto). O projeto de *brand publishing* propõe um *road map* permanente de evolução, que geralmente culmina na reformulação (*"revamp"*) do *hub* dentro dos primeiros 18 meses, com base nos dados coletados com a audiência e a natural evolução do projeto, preparando-o para uma próxima fase de crescimento.

Conteúdo

Sim, o conteúdo, aqui neste livro, faz parte da equação. Mas dentro do seu papel; sem mais, nem menos. Pois, sim, o conteúdo é protagonista. "*Content is King*" é uma frase lapidar, repetida à exaustão pelo mercado. Mas a frase é incompleta, pois o conteúdo não se estabelece sozinho, jamais. Então, se o conteúdo é Rei, a Distribuição, a próxima etapa deste capítulo, é a Rainha. A plataforma própria é a fortaleza. A audiência é o público. Os dados, a riqueza. E os resultados são obtidos a partir da orquestração de todos os fatores.

Portanto, o Rei, assim como no Xadrez, é uma peça do jogo. Peça fundamental, mas que não joga sozinha. É tão importante quanto as demais peças e os respectivos movimentos. Claro que, com tudo funcionando muito bem, o conteúdo naturalmente se destaca. Afinal, é o cerne da mensagem que o meio entrega.

Por isso que o conteúdo, no *brand publishing*, entra na equação. Mas uma equação que demanda outras camadas no nível profissional, inclusive para valorizar o resultado do próprio conteúdo. Quantas vezes vocês já testemunharam projetos de conteúdo de marca que não têm impacto? Ou ainda, projetos de conteúdo digital que começam muito bem e perdem o fôlego?

Esses projetos inconsistentes, curiosamente, sempre começam com o tal sintoma da "síndrome do número zero", a saber: o lançamento de um *blog* ou um canal social mal planejado, baseado somente em inspiração. Geralmente, começa com um *post* caprichadíssimo, quase digno de um prêmio Pulitzer. Depois, com o passar do tempo e das atribuições, o projeto vai perdendo a qualidade, atrasando publicações, ficando para trás na lista de prioridades, até não ser mais atualizado. Até virar um zumbi digital.

Quando os demais elos do *publishing* não são estruturados com a devida consistência, o conteúdo nunca vinga. Sem pensar no *publishing* de maneira integral, a camada de conteúdo não é sustentável e, não raro, gera desperdício de muito tempo e dinheiro. Perde a força rápido, fica fragmentada. Não entrega o contexto integral de uma marca e, muitas vezes, a expõe ao risco, devido à falta de governança.

Existem casos graves, de marcas grandes, cujas ações de conteúdo de forma isolada fazem com que a empresa tenha dezenas de iniciativas de conteúdo, muitas de qualidade questionável, sem critérios de governança, sem técnicas adequadas para medir retorno, sem estratégia de distribuição, muitas vezes exclusivamente publicadas em plataformas de terceiros (como canais em redes sociais, YouTube ou Medium). Ou seja, sem visão de dados primários. Sem a visão de comunicação editorial integrada que, com o devido planejamento, poderia valorizar o conteúdo proprietário - tanto no ativo proprietário, quanto também integrado em plataforma de terceiros.

Por isso discutir conteúdo digital é tão sensível e tão importante. Porque é a face mais visível e ilusoriamente fácil. Ilusoriamente porque, afinal, fazer conteúdo de qualidade não é fácil. Curar, também não. E distribuir e manter um projeto de comunicação editorial, então, são para poucas marcas. São para as marcas que são *publishers*. Que vão se destacar por suas organização e capacidade de informar e formar opinião em seu segmento.

Por isso que a marca que é *publisher* transcende a produção de conteúdo do ponto de vista técnico, ao abordar com iguais capacidade e profissionalismo outros aspectos técnicos como distribuição e plataforma, por exemplo. Transcende também a própria produção de conteúdo original, tornando-se também uma educadora e curadora em seu segmento. Uma marca que informa, ensina e se torna um importante observatório do seu setor.

Pois além do conteúdo original, a marca pode ser uma tutora, com conteúdos explicativos, tutoriais, que ensinam seu público a tomar decisões, a analisar questões pertinentes. Já na curadoria reside uma oportunidade muito valiosa. A marca, com os devidos cuidado e tratamento, pode se estabelecer como um farol para um mundo confuso, vítima de uma infodemia crônica e de projetos oportunistas de *fake news*.

A soma desses processos dá - e sobra - pautas para uma volumetria no mínimo diária, com um processo de redação inteligente, com formatos preestabelecidos e uma abordagem de profundidade genuinamente digital. Tal profundidade não significa, necessariamente, conteúdos extensos, mas sim o estabelecimento de uma frequência adequada de conteúdos no campo semântico da marca que, com o tempo, a torna referência para os temas estratégicos. Como Andrew McLuhan bem explicou em nossa conversa:

> *"O conteúdo existe para manter as pessoas ocupadas, enquanto a mídia está reestruturando os seus sentidos, a sua vida e a sociedade."*

À frente do Instituto McLuhan, Andrew lidera o trabalho de fomentar a aplicação dos pensamentos e obras de seu avô, Marshall McLuhan, e de seu pai, Eric McLuhan. Daí a profunda afirmação que o frequente, permanente e íntimo contato com o meio e a mensagem reestrutura sentidos, vida e sociedade.

Esse raciocínio vale, obviamente, para o Conteúdo, a face mais visível da Mensagem. Por isso, sempre recomendamos adaptar a metodologia *Hub*, *Help* e *Hero*, cunhada pelo Google para os projetos de *brand publishing*. Esse método confere ritmo e velocidade adequados na produção e não demanda redações extensas. Dois ou três redatores experientes são suficientes para um projeto organizado, com volumetria consistente de 1 conteúdo por dia. Ao longo dos anos, serão milhares de conteúdos originais, tutoriais e curados, publicados, indexados e distribuídos. Ou seja, a combinação de conteúdo curado, tutorial e original na medida certa, que vai dar volumetria, frequência, profundidade e profissionalismo a um projeto sério de comunicação editorial proprietária.

Essa combinação estabelece uma dinâmica virtuosa: enquanto o conteúdo original (*hero*) gera picos de audiência, o conteúdo curado (*hub*) gera consistência e o conteúdo tutorial (*help*) se estabelece como uma biblioteca de referência, gerando um estável fluxo de audiência ao longo do tempo.

Claro que algumas vezes um conteúdo *help,* ou mesmo um conteúdo curado, faz sucesso de audiência. E aí serve de inspiração para desenvolver algum conteúdo *hero* sobre o tema. Para não cometermos o pecado de simplificar demasiadamente esse importante ponto, vale a pena entender com clareza as definições de *hub*, *help* e *hero.*

Conteúdo *Hub* (Curado): conteúdo curado. A curadoria é fundamental no trabalho de *brand publishing;* afinal de contas, curadoria é uma forma de edição. E atenção: estamos falando aqui de curadoria, de a marca apontar um conteúdo de outra plataforma com o devido link. Não estamos falando de copiar e colar, muito menos de pirataria. Estamos falando do importante papel de curadoras setoriais que as marcas têm oportunidade de desempenhar. No livro “A Era da Curadoria”, de Mário Sérgio Cortella e Gilberto Dimenstein, fica clara a importância de curadores em um mundo de infodemia, onde as referências se perderam. Vale muito a leitura dessa obra publicada em 2015, cada vez mais relevante com o passar dos anos. Por isso, a curadoria de conteúdo deve fazer parte, de forma protagonista, de um projeto de *brand publishing* editorial. Primeiro, para a marca se estabelecer como uma curadora, apontando e validando referências de conteúdos originais com valor e procedência críveis. Segundo, para gerar volume e consistência ao ambiente editorial, mantendo a audiência atualizada sobre o segmento.

Para ilustrar como deve ser um "molde" de um conteúdo curado, vou utilizar um esquema que remete ao saudoso processo de diagramação (em tempo: meu primeiro estágio, no longínquo ano 2000, foi como diagramador de um *house organ* de uma empresa de recauchutagem de pneus de Campinas, pela Comunicativa ACJ, agência do Giba Gonçalves e da Cibele Vieira):

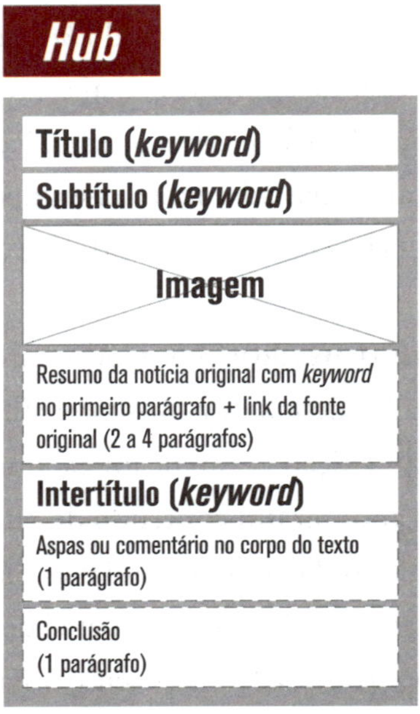

Fonte: Metodologia Barões

O esquema da diagramação que você acabou de ver sugere que uma matéria curada deve ter, além de fotos, palavras-chaves (*keywords*, ou *kw*), um comentário informativo com o resumo de uma fonte original, com o devido link para a fonte original, cujo *pool* de referência já é definido no planejamento - e evoluído durante o projeto. O fato de a marca prestar um serviço de curadoria, além de se estabelecer como um observatório, serve como um validador de fontes e conteúdos de terceiros sobre um tema dentro do território de atuação da marca.

Dos *cases* elencados anteriormente, destaco como "conteúdo *hub*" o processo de curadoria que o MeuLugar sistematizou sobre IGP-M - até então restrito a análises econômicas herméticas. Esse processo de curadoria continuada gerou muita visibilidade, sobretudo via buscas orgânicas, onde o MeuLugar frequentemente assume no Google a posição zero (o *snippet* editorial) para buscas sobre IGP-M no contexto de reajuste de aluguel.

Curadoria, diga-se de passagem, ajuda muito no Google. A ENGIE, ao longo de 2020, desenvolveu um *pillar content* sobre a COP-26, evento realizado na Escócia, em novembro de 2021. Com muita curadoria, o tema virou um subcanal, que também contou com conteúdo original. Mas o processo de meses de curadoria garantiu uma indexação com muito destaque no Google. No mês do evento, as buscas orgânicas cresceram em 180%.

Claro que também vale a autocuradoria. Um exemplo dela vem da Fundação Dom Cabral, com seu Seja Relevante. A produção acadêmica da FDC é imensa e de extrema qualidade, com reconhecimento internacional. É natural e legítima, portanto, a autocuradoria. Inclusive para transformar a produção acadêmica em informação para as audiências do projeto, que vai de decisores *C-Level* até estudantes em início de carreira, passando por diversos outros perfis. Essa autocuradoria, quando bem dosada, também acelera o processo da marca em ser referência para curadoria por parte de sites de terceiros, e o reconhecimento do *hub* como um lugar de autoridade.

Conteúdo *Help* (Tutorial): essa categoria trata de conteúdo com veios explicativo e educativo, com caráter essencialmente utilitário, atemporal. Ou seja, mesmo que o usuário só o encontre ou o acesse meses após a publicação, ele continua relevante. Isso vale tanto para conteúdo curado, com listas sobre tendências ou processos de decisão (tanto para B2C, B2B, como para B2P), quanto para conteúdos mais extensos, de vocação educativa, muitas vezes em formato "rico" (*e-books*, quizes, vídeos).

É conteúdo potencial *"evergreen"*, ou seja, que perdura por muito tempo e fica disponível para buscas orgânicas ou distribuição assíncrona com a publicação, quando as buscas pelo tema específico aumentam - sejam por questões factuais, sejam sazonais. Esses conteúdos *help* são excelentes materiais para serem organizados em novas áreas do portal, como coberturas especiais ou guia on-line sobre um determinado tema. Os conteúdos *help*, por sua natureza tutorial, tendem a ter um tempo médio de leitura acima das demais categorias.

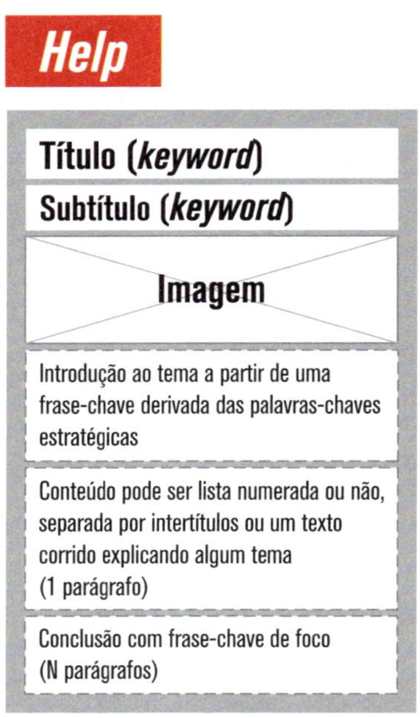

Fonte: Metodologia Barões

O esquema tradicional explica que, além dos elementos básicos, o conteúdo pode vir em listas, com link para originais, caso pertinente. Um bom exemplo de conteúdo tutorial é com mitos e verdades sobre café, inclusive desmentindo a *fake news* sobre café com limão emagrecer.

Um exemplo de conteúdo *help* estruturado sob um canal especial é a área "Comece por aqui", do PanoramaCrypto. A seção oferece uma série de conteúdos *"evergreen"*, como guia para quem quer entrar de maneira bem informada no mercado de criptoativos.

Um último exemplo é a área *pro* do portal Segredos de Salão, da L'Oréal, com muito conteúdo tutorial para profissionais do meio, inclusive em vídeo, com dicas de cursos e de embaixadores de renome do mercado de beleza.

Conteúdo *Hero* (Original): aqui entra o conteúdo mais difícil de produzir, mas que traz picos de audiência e reforça, na veia, a autoridade da marca. Reportagens, *cases*, artigos, entrevistas exclusivas e séries editoriais são alguns exemplos desse conteúdo que, naturalmente, tem uma menor volumetria. Geralmente, sugerimos a relação de 20% de conteúdo original para 80% de conteúdo curado (lembrando que o conteúdo *Help* pode ser tanto original, quanto curado). Isso dá cadência para a volumetria diária, enquanto o conteúdo original é produzido e aprovado - afinal, muitas vezes envolve personagens que não são da própria empresa e, por isso, demanda tempo para o devido alinhamento, antes de sua publicação.

Por isso o ideal é a marca ter algumas frentes de conteúdo *hero* em paralelo, para ter um ciclo seguro de apuração e validação das informações, uma vez que consistem de substantivas entrevistas com fontes do mercado ou do governo, *cases*, artigos técnicos, relatórios executivos da empresa ou reportagens exclusivas.

Quando os conteúdos ricos são publicados, eles são os verdadeiros responsáveis por refinar a identidade do projeto, bem como gerar picos de audiência que ajudam o produto a se tornar referência no meio. Os conteúdos originais são fundamentais para atrair e engajar o leitor, além de estabelecerem, de maneira definitiva, a marca como um prestigiado *think tank* do setor.

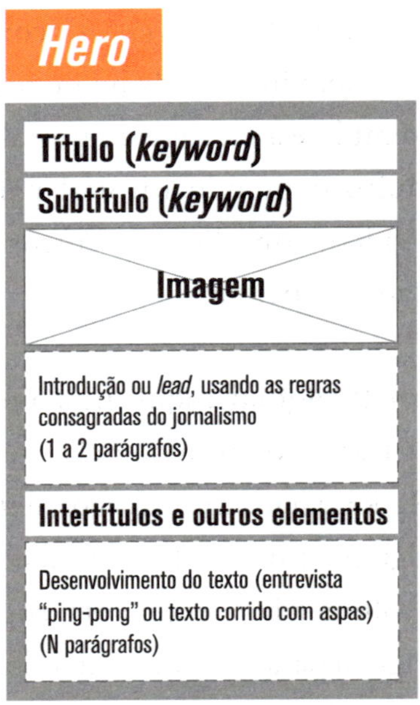

Fonte: Metodologia Barões

O esquema nos serve para mostrar que, nesse modelo de produção, a redação tem que conseguir fontes e recursos originais para lançar um material inédito e de qualidade, em um volume que justifique sua posição de autoridade.

Publicações de conteúdo *hero* são sempre dignas de destaques, pois muitas tendem a ser épicas: como a entrevista do Além da Energia, com o ex-presidente Fernando Henrique Cardoso; a exclusiva do Habitability, com o lendário urbanista Jan Gehl, ou o famoso artigo sobre a guerra na Ucrânia, de autoria do professor Paulo Vicente, para o Seja Relevante. Cobertura sobre mulheres e inovação no Próximo Nível, da Embratel; as galácticas reportagens sobre eventos esportivos no "Mundo Red Bull"; ou ainda uma nobre área de artigos inéditos assinados por personalidades da cafeicultura, no Hub do Café, também são bons exemplos de como um bom planejamento de conteúdo *hero* é indispensável para dar identidade ao projeto.

A produção sistemática de conteúdos *hub*, *help* e *hero*, agora que suas definições e exemplos ficaram mais claros, viabilizam a publicação diária de informações, mesmo com uma redação enxuta (porém sênior, sempre bom frisar).

Pois o segredo está na dinâmica de escolher muito bem as pautas dentro da linha editorial definida no planejamento; no planejar pautas *hub*, *help* e *hero* em torno de *"pillar content"* estratégicos; e no estabelecer canais editoriais que permitam integração a campanhas como *paid* e *owned media*.

E mais importante: a maior parte do conteúdo não deve ser autorreferente. Falar de si mesmo, por favor, apenas quando pertinente. Ninguém quer ler informação de marca sem noção que só fala de si mesma o tempo todo. As audiências demandam informação legítima e panorâmica. De preferência, validadas por marcas fortes, com credibilidade. Claro que não é pecado algum falar de si mesmo, quando for pertinente. Sobretudo em matérias de fundo de funil que, se publicadas em um contexto maior, de autoridade clara, faz sentido e vira um serviço. Por isso desenvolvemos, na Barões, a matriz a seguir, que mostra a relação entre conteúdos referentes e não-autorreferentes, originais e curados, divididos em quatro quadrantes:

MATRIZ DE TIPOS DE CONTEÚDO

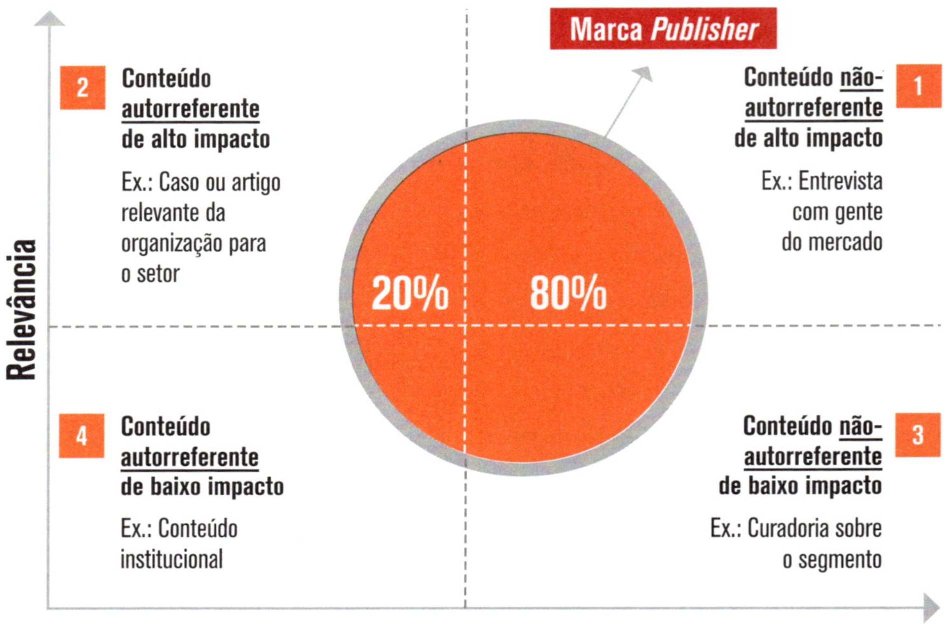

Fonte: Metodologia Barões

A distribuição, seguindo mais ou menos o raciocínio da matriz, garante a cobertura dos temas tanto como curador, quanto como produtor original - bem como, quando pertinente, a abordagem de temas autorreferentes -, uma vez estabelecida a relação de confiança entre marca e audiência. Quando essa relação de confiança editorial se consolida, a melhor mídia para fazer uma ação de "fundo de funil" (ou o desgastado termo *"inbound marketing"*) é a mídia proprietária da marca que traz, em sua maioria, matérias não-autorreferentes de "topo de funil" (que geram alcance e visibilidade) e "meio de funil" (que aprofundam temas relacionados ao negócio da marca). Vamos falar desses três níveis na próxima porção do livro, sobre a rainha Distribuição.

Mas, antes, vale destacar que, para fazer essa dinâmica funcionar - tanto a produção de conteúdo *hub*, *help* ou *hero*, ou matérias de topo, meio ou fundo, com combinação entre não-autorreferentes (a maior parte) e autorreferentes (a minoria, quando pertinente) -, deve-se ter um processo muito bem organizado.

Roberto Francellino, o Beto, é o *head* de conteúdo da Barões. Com experiência de mais de 20 anos em jornalismo B2B, com passagens pela revista Brasil Energia e pela área de comunicação da Petrobras, assumiu a posição de gestor da área de conteúdo da Barões, que é operada por um processo muito bem definido:

> *"O desenho do processo é fundamental para esse tipo de operação. Os projetos de brand publishing não demandam um exército de redatores, mas sim profissionais seniores que entendem o processo. Por isso, o alinhamento com o cliente é fundamental em um procedimento que passa por reuniões de pautas, qualificações do material (se é curado ou original), formatos preestabelecidos para cada categoria e diferentes ciclos de produção. Enquanto o conteúdo curado tem um ciclo mais rápido para publicação, o conteúdo original tem um ciclo mais lento. A composição desse processo faz o projeto ganhar ritmo e corpo e, em poucos meses, logo temos uma gaveta de pautas e conteúdos aprovados que garantem a consistência do projeto."*

Beto ainda destaca que esse processo, estabelecido com clareza no planejamento, dá segurança para todas as partes. Isso porque o processo é executado com clareza pelo time de redação e a equipe do cliente, em um fluxo permanente, conforme a ilustração a seguir:

PROCESSO EDITORIAL

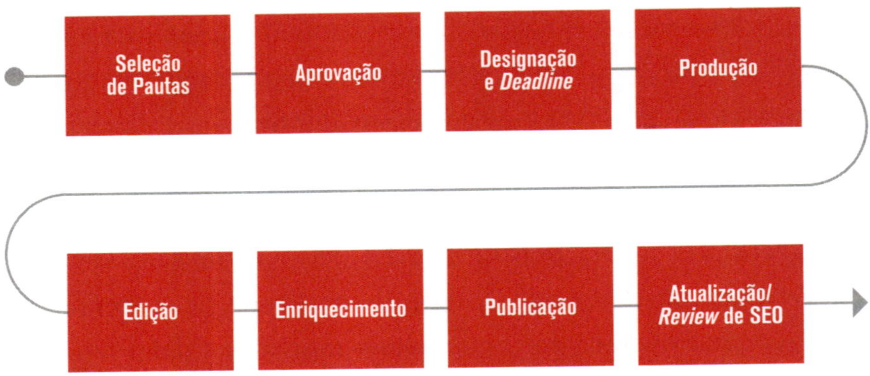

Fonte: Metodologia Barões

O gestor acrescenta que o conteúdo *brand publishing* editorial, por ser constante, com tom de voz informativo, é uma prática muito segura para as marcas, que também devem contar com um manual de redação com as especificações de formatos, categorias de conteúdo, procedimentos para uso de fotos e imagens, formalização de processos editoriais, contato com assessorias de imprensa terceiras, lista de propriedades que podem ser curadas, entre outras definições que consolidam a política editorial do *hub*. Para Francellino:

> *"As publicações são sempre objetivas, lastreadas na prática de jornalismo especializado e sem o tom de campanhas persuasivas. Em todos esses anos como editor de brand publishing editorial, jamais presenciei uma crise por causa de publicações editoriais, uma vez que já no planejamento a linha editorial é bem estabelecida e o processo de publicação diária fortalece a reputação da marca como um fórum de conteúdo especializado e informativo. As audiências enxergam o projeto como um serviço da marca, de maneira muito positiva."*

Para finalizar, sobre formato, defendo a tese de que a maior parte do conteúdo desenvolvido para projetos de *brand publishing* editorial deva ser, sobretudo, em texto e fotos. Isso facilita a publicação, o consumo e a indexação desse conteúdo informativo, uma vez que o conteúdo audiovisual tem uma vocação maior para entretenimento, na competição com a tela.

Uma informação da Cisco, pobremente analisada e há anos no mercado, afirma que mais de 80% dos dados trafegados na internet se devem ao consumo de vídeos. A discussão rende e, tecnicamente, isso é fato. Um filme em HD na Netflix trafega 3GB durante 1 hora.

Isso representa, em termos de dados, 100 vezes mais que uma hora de leitura de texto e fotos, em páginas configuradas para leitura de notícias ou *newsletter* - formato que resgatou sua importância nos últimos anos. É uma escala diferente de tráfego de dados, sobretudo se considerarmos o hábito dos usuários, de "beliscar" notícias (*snacking*); o hábito de busca por notícias indexáveis, ou o de recebimento de informações amplamente distribuídas, adequadas para leituras nos momentos *"on the go"*, de "atenção parcial constante". Quem diria, até os queridinhos *millennials* preferem consumir notícias em formato de texto do que em vídeo.

Então está na hora de parar de usar tráfego de dados com hábito de consumo de notícias em vídeo. Veja bem: não estou negando o óbvio e avassalador crescimento do consumo de conteúdo em vídeo. Mas ressalto que o componente de entretenimento é central no formato. Afinal, o vídeo briga diretamente com a telona, antes dominada pela grade de programação da TV aberta. Por outro lado, o legítimo sucessor do aniquilado setor de "notícias no papel" é o formato texto e foto no celular. Claro, cada vez mais, com recursos multimídia integrados, sempre que pertinentes, respeitando o tempo, os hábitos e o pacote de dados do usuário.

Como vimos nos *cases*, o conteúdo audiovisual - geralmente fragmentado - pode e deve ser integrado em uma estratégia complementar, de alto valor agregado (como projetos com *creators*, programas de educação em vídeo ou aprofundamentos em temas via *podcast*, por exemplo). Isso acontece em todos os *cases* analisados e um projeto de *brand publishing* ajuda a racionalizar, organizar e integrar as produções fragmentadas de áudio e vídeo. Inclusive, para torná-las mais rastreáveis pelos mecanismos de buscas (e não deixá-las somente perdidas pelo imensurável universo do YouTube e de outras plataformas de *streaming*).

De novo, é preciso estudar para discernir. Esse processo de evolução do audiovisual, especificamente, é tema do livro de Edvaldo Silva, lançado em 2022, com o título "Da Válvula ao Pixel - a revolução do *streaming*", pela editora Lisbon. Edvaldo, além de ter 20 anos como executivo de marketing digital com uma carreira sólida, é mestre em multimeios pela Unicamp. A leitura da obra vale muito para paralelizar as ações de maneira lógica e não tropeçar nas próprias pernas, também, no audiovisual inclusive. Afinal, produzir conteúdo audiovisual é um processo muito caro. Quando mal executado, além de gerar poucas audiência e relevância, fica cafona. Por essas e outras que texto e fotos continuam sendo protagonistas para produção e distribuição de notícias e informação nas plataformas digitais.

Agora, se o conteúdo é o Rei, a Distribuição é a Rainha. Não é suficiente acertar a mão no formato, sem estruturar adequadamente a toda-poderosa "Distribuição". Sem ela, a mágica não acontece.

Distribuição

Com vocês, a sua Majestade. Repita sempre este mantra: se o conteúdo é o rei, a distribuição é a rainha. Afinal, a estratégia de distribuição é tão importante quanto a de conteúdo. De nada adianta fazer o melhor conteúdo do mundo, se a distribuição não garante sua visibilidade. Isso não vale para o *brand publishing* apenas. Isso vale pra tudo na vida, inclusive para venda de produtos e serviços. Uma empresa pode ter o melhor serviço ou produto do mundo: se não tiver distribuição adequada, vai à falência.

Por isso, nesse sentido, sempre friso que o termo *"publishing"* é um substantivo, assim como "marketing". Porque empacota toda a logística, todo o processo da publicação editorial em nível profissional, muito além do conteúdo.

Muita gente achava que o *publishing* era uma espécie de alquimia, mas aqui vai um segredo: mesmo no *publishing* do século XX, a distribuição sempre foi crucial. Seja pela empresa de logística da Abril, pelas torres de TV da Globo, pelos *dials* das rádios, sejam pelos cabos do telégrafo e, depois, da internet. Então, é natural (óbvio, eu diria) que no *brand publishing* a distribuição tenha esse papel matador, que nos lembra justamente a Rainha, no Xadrez.

Mas, vamos lá, com calma: não adianta fazer uma distribuição com a mentalidade de anunciante. Comunicação editorial não é propaganda. Já passou o tempo de lançar um portal colocando propaganda em *outdoor*. Ou fazer uma campanha de lançamento. Ou, pior, cultivar a horrorosa prática de *clickbait* para atrair audiência.

No *brand publishing* a distribuição é constante e crescente, com foco na construção de audiência, de forma gradual, na melhor velocidade possível. Tanto por meios orgânicos, como SEO, quanto através das redes sociais - inclusive, integrada a ações de mídia paga. O processo de distribuição deve pensar na comunicação interna. Sim, os públicos internos das grandes marcas também são audiências valiosas para qualquer ativo de *brand publishing* editorial.

No próximo gráfico é possível ver um esquema básico de estruturação da distribuição. Cada frente será esmiuçada, logo a seguir:

Fonte: Metodologia Barões

Mecanismos de Busca: eis o famoso SEO, ou melhor, *Search Engine Optimization*. Ou seja, otimização para mecanismos de buscas que, convenhamos, é dominada pelo Google. Processo que está cada vez mais inteligente. Por isso, essa prática tem que ser protagonista na origem: desde a plataforma bem configurada, passando pelo conteúdo devidamente parametrizado, com uma visão estratégica para SEO. E, para isso, existem ferramentas que ajudam a identificar oportunidades para a marca se posicionar bem dentro do seu campo temático. O competente Semrush, quero destacar, é um ótimo exemplo. Acessível até a usuários menos hábeis, como eu. Porque é preciso saber que não adianta ter muitas palavras indexadas sem nexo, que não entregam as buscas pertinentes ao interesse da audiência. Se não for feito corretamente, o SEO se vulgariza e vira uma métrica de vaidade, como aponta Cassio Politi, fundador da Tracto Marketing e um dos pioneiros do mercado de *content marketing* no Brasil:

> *"Receio que o SEO esteja se tornando uma métrica de vaidade. Muitos gestores de marketing que conheço não conseguem responder a uma pergunta simples: por que você quer que sua marca seja a número 1 em uma pesquisa do Google? Se o SEO não estiver conectado ao seu modelo de negócios, dê um passo atrás e analise por que você deve investir tempo e dinheiro nisso."*

Cassio está corretíssimo. O tempo de *"black hat"*, de conseguir subir no Google na marra, passou. Até porque a inteligência artificial tende a dominar o conteúdo mais elementar de SEO (informações básicas, estatísticas). Logo, as marcas têm que se tornar estrategistas e conquistar posições realmente relevantes para os negócios. Para isso, a marca tem que entender que um determinado artigo começa sua trajetória de conquista de audiência assim que publicado e indexado. Por isso o *publishing* digital tem que olhar para o futuro - sem ignorar o factual. O trabalho de SEO deve ser preditivo para capturar tendências que vão gerar futuras buscas pelos usuários. Diferente da cultura de "*deadline*" das redações tradicionais, uma publicação on-line começa seu ciclo de vida assim que publicada - podendo, ao longo do tempo, sofrer atualizações pertinentes para melhorar seu desempenho em mecanismos de buscas.

Um projeto de *brand publishing* editorial bem estruturado ajuda a comunicação a ter exatamente esse olhar de estrategista para o SEO que, ao longo do tempo, dá vazão a uma audiência recorrente, crescente e muito qualificada. Inclusive, passa por muitos pormenores técnicos que são fundamentais (por exemplo, uma análise para ver se o *"naming"* do portal estará ou não associado ao domínio principal da marca). Laura Lopes, do QuintoAndar, que saiu de redação para dominar detalhadamente o conceito de SEO no contexto da comunicação editorial, diz:

> *"Não posso simplesmente jogar um conteúdo lá e achar que as pessoas vão ler. Não vão ler. Eu tenho que orientar e dar os caminhos para esse conteúdo ser encontrado. Tenho que indexá-lo bem no Google. Combinar com mídia paga também, com a distribuição paga. Entender quais são os conteúdos que geram maior eficiência dentro dos canais. Além de produzir, eu tenho que ter a cabeça da distribuição da informação. Se não for assim, a marca perde dinheiro. Essa cabeça muda muito quando saímos da redação tradicional e vamos para o brand publishing."*

Redes sociais: ah, as redes sociais... plataformas protagonistas na proliferação das *fake news*. Segundo diversas análises, tal processo levou o Facebook a mudar o nome da *holding* para Meta, após jogar um belo *hype*, o Metaverso, para desviar a atenção global dos graves problemas da rede social em relação ao tema.

Por isso, o *brand publishing* editorial tem uma função muito nobre, talvez das mais importantes no atual contexto de transição midiática: resgatar o valor da atribuição da origem de conteúdo, sobretudo nas redes sociais. Ocupar o lugar de destino de conteúdo e mitigar o espaço de oportunistas. Encarar as redes sociais como *outlets* de informação, como canais de distribuição.

Quando todos os segmentos tiverem bons projetos de *brand publishing*, o combate às *fake news* ficará muito mais eficiente, sobretudo se houver uma contribuição ativa da mídia independente (a propósito, a relação entre *brand publishing* e mídia independente será abordada na terceira parte deste livro, não perca!).

Além de melhorar a qualidade do *feed* das redes sociais das audiências e não se tornar refém das redes sociais, o *brand publishing* resolve, de maneira prática, um problemão das marcas: o preenchimento do calendário editorial. Sem um projeto editorial consistente, as marcas têm que ficar inventando *cards* promocionais, com tons persuasivos (até no LinkedIn!), que tornam ineficiente a comunicação através das redes. Isso impacta diretamente em fatores como visibilidade e real engajamento. Como redes sociais são plataformas de mídia paga (sim, não são mídia proprietária), se vendem como uma espécie de *"self-service"* de *branded content*, onde a marca configura a página com seus elementos, produz conteúdo, aglutina audiência, mas não é dona da plataforma, nem dos dados. Tampouco tem controle sobre os métodos, evoluções e destinos daquelas plataformas.

Portanto, quando a marca estrutura seu processo para integrar *posts* selecionados do *hub* de *brand publishing*, além de mitigar riscos, ela passa a oferecer conteúdo editorial com mais frequência, preservando os *cards* promocionais para momentos adequados. Como já comprovamos nas experiências da Barões, ao oferecer conteúdo editorial com maior frequência, o engajamento aumenta em até 350%, como aconteceu na ENGIE:

Card criado para cada rede social

A própria matéria do *Hub* funciona como o criativo.

3,5X Mais engajamentos que os formatos publicitários

Fonte: Metodologia Barões

Por isso o *brand publishing* não precisa ter perfis próprios em redes sociais, salvo justificadas exceções. Via de regra, esse conteúdo pode contribuir muito mais com o preenchimento editorial das redes da marca. Não apenas no *feed* orgânico, mas também no impulsionado, pois impulsionar conteúdo é muito mais barato e rentável, pelo menos por enquanto, do que impulsionar campanhas publicitárias.

Além de construir audiência primária (transformando em primários muitos usuários de plataformas de terceiros), o método contínuo de impulsionamento qualifica a audiência e joga o CPC (Custo por Clique) para baixo, pois é um trabalho recorrente e produtivo, conforme o esquema a seguir. Baseado em *benchmark* da Barões, o desenho mostra que, enquanto o ativo de mídia proprietária é construído, a eficiência do CPC para impulsionamento aumenta, paralela à crescente audiência orgânica, para composição de uma audiência relevante e legítima ao longo do tempo:

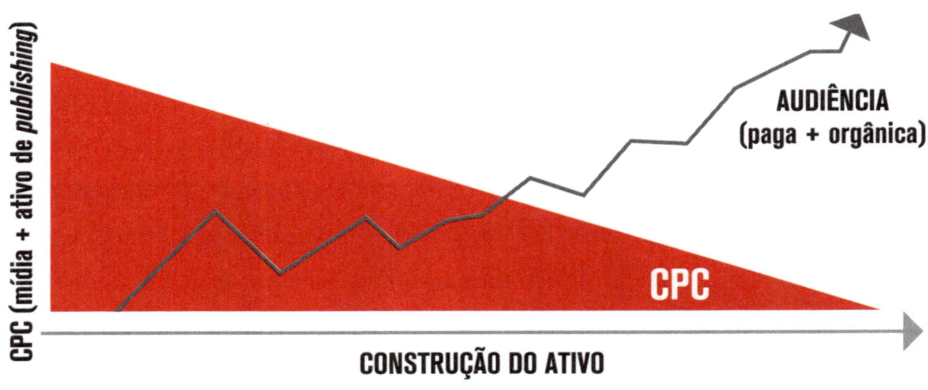

Custo por usuário
Queda constante à medida que as audiências paga e orgânica crescem. Integração do calendário editorial com redes sociais.

Otimização/redução de custos de campanhas
As campanhas de marketing poderão ser feitas através do *publishing*, com CPCs mais competitivos, dentro do patamar de conteúdo com base nos *cookie pools* gerados ao longo da construção do ativo.

Fonte: Metodologia Barões

***Branded Content*:** com a vertiginosa mudança no mercado de mídia paga na última década, muitos veículos saíram da zona de conforto, começaram a se mexer e passaram a oferecer projetos de *branded content*, como vimos na porção da "Pirâmide de Maturidade do Marketing de Conteúdo". Acontece que *branded content* é mídia paga. É o bom e velho informe publicitário.

Primeiro, porque *branded content* é uma área claramente separada e demarcada, vendida como informe publicitário, o que de fato é. Segundo, porque muitas vezes é um texto promocional disfarçado de editorial, sem um alinhamento conceitual (muitas vezes, o *branded content* é produzido pelos próprios veículos, que não têm uma relação editorial de profundidade com a marca). Terceiro, porque é uma plataforma de um terceiro, sem dados primários, com entregas de métricas superficiais, em um PPT ou planilha de Excel. Muitas vezes, a execução é feita de forma fragmentada, em múltiplos canais. Conversando com muitas marcas, vejo a dificuldade de gestão de diferentes frentes de campanhas de *branded content.*

Apesar de ser uma ferramenta de comunicação editorial importante, sobretudo em momentos de campanhas específicas, projetos de *branded content* têm que ser geridos com inteligência pela marca. Não adianta abrir projetos paralelos só para distribuir o *budget* de *paid media*, já que meros *banners* e *landing pages* não mais se justificam.

A marca agora deve aprimorar sua frente de *branded content* como uma disciplina integrada ao *brand publishing*, nem que seja do ponto de vista de coerência e alinhamento editoriais. Como exemplo temos o Próximo Nível, que aproveita muito bem a parceria que a Embratel tem com os veículos de comunicação. No *hub* há um canal de parcerias editoriais que conta com a curadoria dos *branded contents* que são veiculados no Valor, na Folha de S. Paulo e no The Shift, e uma coluna exclusiva com o Carlos Aros, editor-executivo do MIT Technology Review.

Esse alinhamento técnico-comercial é virtuoso para que usuários de uma plataforma de terceiros possam também entender que a marca é um *publisher* do setor. Por outro lado, também cabe aos veículos sofisticarem essa entrega e trabalharem mais próximos, estrategicamente, com o cliente e seus parceiros.

Comunicação interna: tão importante quanto os demais *clusters* de audiência, o público interno também faz parte da estratégia de distribuição. Quanto maior a organização em número de pessoas, mais relevante é a audiência, em termos absolutos. Afinal, a partir de um projeto de *brand publishing* editorial bem estruturado, o público interno entende a linha editorial da empresa, a partir de sua posição como um agente informativo do setor.

Além do mais, o público interno, em especial as áreas comerciais, têm nos *hubs* uma ferramenta muito qualificada para fomentar debates com *prospects* e clientes. Em 2022, fui convidado para escrever um capítulo para o *e-book* "Tendências 2022 - Decodificando as tendências da comunicação 4.0 com o público interno", lançado pela *startup* SimplificaCI.

No artigo, usei dois exemplos para argumentar sobre a virtuosa relação entre *brand publishing* e comunicação interna: o da ENGIE e o da Cooxupé.

A ENGIE publicou em seu Além da Energia, de novembro de 2020 a março de 2021, 19 entrevistas com colaboradoras em posição de liderança no grupo. A ação, celebrada por mulheres de todo setor de energia, aumentou a participação da audiência feminina no portal. Após a série de reportagens, a audiência feminina passou de 33% para 48%, um número surpreendente, e hoje é igualitária entre os gêneros masculino e feminino. A série, que também mostra a contribuição da comunicação editorial para a reputação da ENGIE como *Employer Branding*, também gerou uma campanha premiada pela Aberje em 2021, referente às regiões do Rio de Janeiro e do Espírito Santo.

Já a Cooxupé tem uma base de 18 mil produtores cooperados como público-alvo prioritário no seu Hub do Café. Parte da produção do conteúdo é pensado para esse público, que é a base da cadeia de valor da indústria de café. Cotações, comunicados relevantes sobre movimentos de mercado, matérias sobre economia e conteúdo tutorial sobre lavoura são conteúdos voltados para o produtor. Esse público, claro, também é fonte: desde casos de boas práticas em propriedades de cooperados, até o caso da pequena Amanda, filha de cooperados que compôs e gravou uma linda música sobre a nobre atividade dos pais.

Perfis e Níveis de audiência

Além de discernir o papel de cada canal, a distribuição também tem de avaliar para qual camada da audiência está distribuindo. Se é uma distribuição topo de funil, para gerar *awareness* da marca e conquistar audiência (em tempo: esse esquema de funil, apesar de ultrapassado, ainda é útil se aplicado de maneira correta); meio de funil, com uma clara etapa de qualificação da audiência, bem como organização de temas, *clusters*, processos de indexação, entre outros movimentos de evolução; ou fundo de funil, a saber: conteúdo autorreferente e com objetivo de geração de negócios, objetivamente. Pois não é pecado falar em *inbound marketing*, sobretudo quando devidamente ativado na mídia proprietária da marca - a única que fornece todas as informações, integralmente, a partir de dados primários. Uma nota curiosa: minha fonte da Red Bull usou o bom humor para conceituar o funil da marca como uma "gola rolê", de tão fluida que é a dinâmica entre o topo (ou seja, a comunicação editorial) e as atividades de negócios da marca, incluindo as icônicas latinhas de energético.

Até porque, diferente da publicidade, o *brand publishing* não trabalha com o conceito de *personas*, que muitas vezes soam como caricaturas para definir um *target* específico. Na verdade, os *publishers* pensam mais em *clusters* de audiência, formados por pessoas diferentes, que em um determinado momento das vidas pessoal e profissional estão interessadas em um mesmo tema.

O *publisher* tem a missão de ser inclusivo, pela capacidade de prestar os serviços de conteúdo e informação para pessoas diversas (que têm perfis diferentes na vida real). Seja B2C, seja B2B, a marca *publisher* atende a necessidade de públicos diversos, de origens, gêneros e momento profissional diferentes, entre outros muitos fatores, a partir da oferta realmente relevante de um serviço de comunicação editorial.

Pensar como p*ublisher* é bem diferente de pensar como anunciante, pois um bom projeto de comunicação editorial consegue abrigar perfis distintos e relacioná-los, em nível de dados primários, em *clusters* específicos - que geram muitos aprendizados e *insights* de negócios e comunicação para a marca.

Por isso o trabalho de *brand publishing* deve ser inclusivo, e deve pensar na diversidade de uma maneira abrangente e natural. Perfis totalmente diferentes podem ter interesses convergentes. E essa dinâmica é comprovada pelos dados primários, que é o tema da próxima porção deste livro.

Dados

Por falar em dados primários, entramos em uma etapa que, daqui pra frente, estabelece essas informações como uma valiosa e protagonista linha de resultados, que já começam a ser lançados nos balanços das organizações. A etapa de tratamento dos dados é parte fundamental e de crescente importância em um projeto de *brand publishing* editorial. Como o MIT Technology Review publicou, em 27 de abril de 2021, durante essa década, quando finalmente estivermos em um mundo "*cookieless*", as marcas vão ter que desenvolver ativos de audiência proprietária para aprenderem a trabalhar com dados primários. Aquele marketing mal-ajambrado não vai dar conta mais.

Por isso o *brand publishing* tende a virar peça central em um mundo que demanda informação e que já é regido pela LGPD (e demais marcos regulatórios de outros países), além das medidas técnicas de tornar a internet *"cookieless"*, que impedem a captação de *cookies* de terceiros. Liderados pelas *big techs* Google e Apple, alguns fatalistas exageram nas análises e sustentam que esses movimentos decretarão o fim do modelo de negócios *ad-based*.

A área de comunicação com um *brand publishing* forte, com uma audiência bem desenvolvida, se torna uma plataforma de gestão de dados, um *driver* para o processo de tratamento de dados primários na organização. Os *clusters* de usuários (ou *"cookie pools"*) primários podem ser integrados a outras plataformas para alcançar novas audiências com o mesmo perfil. O projeto torna-se fonte inesgotável de insumos para *look-alike*, *retargeting* e segmentações avançadas.

O devido tratamento desses dados também permite o cruzamento de diversas variáveis para desenvolvimento e controle de resultados. Dados que ajudam a marca a esculpir suas audiências. Sobretudo os dados "*first party*", registros que os usuários deixam às plataformas em troca do consumo de conteúdo.

Esse raciocínio nos remete à famosa metáfora de Marshall McLuhan, em que o conteúdo é o pedaço de carne que distrai o cão de guarda da mente. Agora, além de impactar o pensamento, os hábitos e a visão de mundo, o meio e a mensagem também registram dados, que ajudam uma marca a qualificar suas audiências, através da comunicação editorial - o mais valioso insumo na Sociedade da Informação.

Por isso é fundamental a implementação de um *"data studio"*, pois a relação entre o *brand publishing* e um processo de tratamento de dados permanente precisa ser clara, direta e central, desde o início da implementação do ativo. Afinal, uma plataforma de comunicação editorial proprietária gera dados de alta qualidade. Assim, a dimensão de dados do projeto de *brand publishing* deve ser integrada a diversas bases, como Google Analytics, Semrush, investimento em redes sociais, CRM, entre outras soluções, em um caminho contínuo de evolução. Esse processo, além de fundamental para uma marca operar sua comunicação digital, deve gerar aprendizado corporativo durante o trabalho de integração às áreas de negócios.

Fonte: Metodologia Barões

Segundo Bruno Costa, diretor de operações e também sócio-fundador da Barões, a visão de dados tem que ser nativa do processo de planejamento de um projeto de *brand publishing*:

> *"Nessa etapa de um projeto de brand publishing editorial, é preciso estabelecer uma profunda integração conceitual e técnica entre as áreas de comunicação e as de TI e relacionamento com o cliente. Chegou a oportunidade que as equipes de comunicação precisavam para comandar um processo fundamental da gestão de dados da organização, sob o ponto de vista de negócios, sobretudo first-party e zero-party data - este último, concedido pela audiência voluntária e conscientemente para uma relação produtiva com a marca."*

Bruno, que trouxe para si a frente de dados primários na Barões, tem se tornado uma autoridade nessa frente, tamanha a importância de dados primários para as marcas *publishers*. Em 2022, Bruno fez no Massachusetts Institute of Technology um curso focado nesse tema, o que o ajudou a sintetizar a importância de dados como resultados tangíveis e contabilizáveis:

> *"O termo "monetização de dados" representa a conversão direta ou indireta de dados em valor financeiro. Embora as oportunidades de criação de valor sejam abundantes, apenas algumas têm benefícios financeiros mensuráveis óbvios. Por isso, o valor dos dados pode ser visto e medido de muitas maneiras diferentes, mas normalmente há três maneiras pelas quais as organizações convertem dados em valor financeiro: usando dados para melhorar os processos de negócios, reembalando produtos com recursos de analytics e experiência do usuário, e vendendo diretamente soluções de informações. Cada abordagem envolve requisitos, resultados e métricas distintos."*

Para entregar essas linhas de resultados, Bruno aponta também os necessários cuidados jurídicos desta frente: ao se tornar proprietária de uma plataforma de *publishing*, uma marca tem que deixar sua estratégia de dados totalmente em conformidade com a Lei Geral de Proteção de Dados (LGPD). Ou seja, ela também se adequa - legal e tecnicamente - a esse novo momento na qual a privacidade de dados pessoais vem sendo cada vez mais protegida.

Com iniciativas tanto jurídicas, como é o caso da LGPD, quanto técnicas, de *players* fundamentais para a cadeia digital, o processo se sofisticou. Aquele funil velho de guerra ficou obsoleto. Pois ninguém, em uma relação comercial saudável, lê um artigo e sai comprando. Primeiro a pessoa - seja no papel de consumidor, seja no papel de profissional - explora o tema de interesse, a partir de um gatilho qualquer (desejo de compra ou demanda do chefe). Após um período de avaliação e exploração, a/o "internauta" toma a decisão de compra, no sentido amplo: sejam produtos, serviços, causas, educação, sejam informações. Por isso o Google, em 2020, propôs a feliz troca do enferrujado funil por esse belo esquema, a seguir:

Fonte: Metodologia Barões aplicada à matriz do Think With Google

Note como as fases de exploração e avaliação se encaixam bem com o processo de comunicação editorial – o que ajuda a audiência a tomar a decisão certa no momento da compra (cujo "fechamento" depende, no fim do dia, da proposição de valor da marca). Um projeto de *brand publishing*, por toda tecnologia embarcada e por ser mídia proprietária, já nasce pronto para oferecer esse tipo de estratégia.

No longo prazo, o objetivo de uma plataforma de *brand publishing* é virar uma *Data Management Platform* proprietária e especializada. Por isso, é importante elaborar um *road map* de aprendizado e evolução ao longo dos anos, que serão bem agitados. Assim como a marca deve aprender a ser um *publisher*, deve aprender a administrar uma plataforma de dados primários. E a comunicação editorial proprietária pode ser um *driver* desse aprendizado nas organizações.

Governança e gestão

Como já deu pra perceber, o processo de *brand publishing* é matricial. Envolve os aspectos de comunicação de marca, conteúdo, distribuição, plataforma, dados e integrações. Sobretudo conceituais e de negócios. Por isso a governança é o capítulo do planejamento com a visão de integração do projeto. Integração é caminho crítico para o sucesso do trabalho, pois é preciso amarrar muito bem, com transparência e a devida articulação, todas as etapas do processo. Da camada de gestão da marca até os aspectos técnicos. Cada capítulo acima está devidamente alinhado com as áreas responsáveis e correspondentes. Sob uma visão multidisciplinar e com processos alinhados.

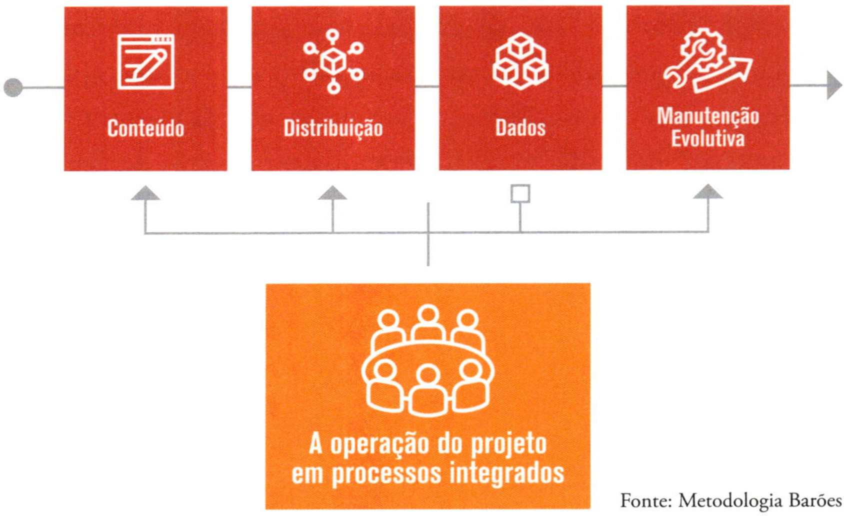

Fonte: Metodologia Barões

Leandro Provedel destaca que o processo estruturado de governança é um diferencial na gestão do ativo de *brand publishing* da ENGIE:

> *"Desde o início, o Além da Energia é integrado às áreas de marketing de nossas empresas, com aproximação com conselho editorial que conta com executivas e executivos do mais alto nível. Essa é a parte do back office que ninguém vê, mas que faz funcionar, entrega os números, gera curva de aprendizado, conquista relevância interna. A gestão integrada é o fator mais importante para conquistar aderência, internamente."*

Conselho Editorial

Como Leandro adiantou, para garantir a integração desses processos, bem como a consistência, a diferenciação e a integridade do projeto de *brand publishing*, deve ser criado oficialmente o Conselho Editorial, que estabelecerá as diretrizes e decisões editoriais relacionadas à concepção e à operação dos projetos de mídia proprietária da marca. Inclusive, é importante observar com atenção as políticas de gestão de risco da comunicação editorial. O Conselho Editorial pode ser constituído da seguinte maneira:

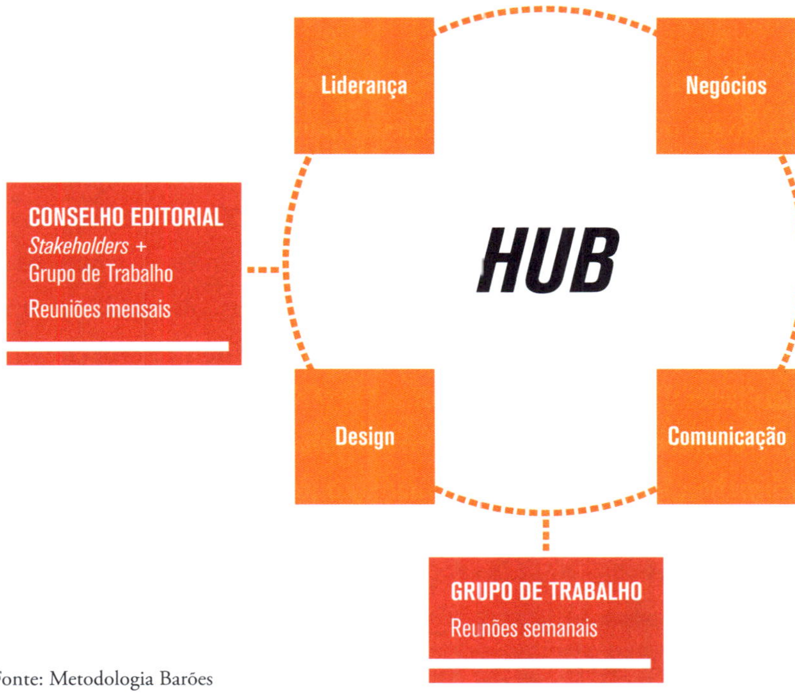

Fonte: Metodologia Barões

O Conselho (ou Comitê) Editorial deve se reunir periodicamente (idealmente, 10 vezes por ano) para ouvir as novidades do grupo de trabalho e discutir sobre o desempenho e os rumos do projeto. Para esse grupo, devem ser convidados representantes de diferentes áreas da empresa, como líderes das áreas de negócios e técnicas, bem como os de ESG e Diversidade. Convidados externos são desejáveis, quando sintonizados com os objetivos e métodos do *brand publishing*. O número de membros, geralmente, varia de 8 a 10 representantes, e a cada reunião esse processo gera um aprendizado corporativo extraordinário que é naturalmente multiplicado na empresa. Cabe ao conselho avaliar sugestões sobre novas iniciativas e integrações comerciais.

Além disso, reuniões e consultas extraordinárias deverão ser convocadas em situações excepcionais, inclusive para comemorações de resultados.

Checkpoints

No dia a dia do projeto, além da sistematização do trabalho e da publicação em ritmo diário, devem ser feitas reuniões semanais com a equipe envolvida diretamente no trabalho, como a equipe de comunicação da marca e a equipe dos fornecedores (que formam o "Grupo de Trabalho"), sempre nos mesmos horário e dia, aberta a *inputs* de todas as demais áreas.

Nesses *"checkpoints"* semanais são discutidos, orientada por uma apresentação em PowerPoint estruturada para esse fim específico, as prioridades da semana e da próxima. Os *checkpoints* são arquivados no link "Referências" do planejamento de *brand publishing*, para contínua documentação. Um *checkpoint* semanal contempla os seguintes tópicos:

CHECKPOINT SEMANAL - 45~60 minutos		
AUDIÊNCIA	CONTEÚDO	PRODUTO
DISTRIBUIÇÃO	REDES SOCIAIS	DEMANDAS ESPECÍFICAS

Fonte: Metodologia Barões

Relatórios

Em paralelo com o funcionamento das reuniões de trabalho, *checkpoint* e conselho, é necessária a instalação de relatórios realmente úteis, que vão ajudar no controle e medição do projeto.

Para o grupo de trabalho, recomenda-se a instalação de um relatório diário bem amigável, logo após o lançamento do *hub*, ainda na fase MVP. A sugestão é que seja enviado em PDF, na parte da manhã, com os dados de audiência do *hub* referentes ao dia anterior, oriundos do *data studio* (pois ninguém quer mais um *dashboard* na vida). Esse *data studio*, como já falado, integra os dados relevantes vindos de outras plataformas. O relatório também pode conter indicadores macro, como previsão de crescimento da audiência e palavras indexadas, por exemplo, para monitoramento de metas críticas em linha com o planejamento.

Para um grupo maior, com profissionais que são *stakeholders* do projeto e não fazem parte do grupo de trabalho, semanalmente, de preferência às sextas-feiras, deve ser enviado por e-mail um relatório quantitativo, com os avanços da semana que passou e as prioridades da próxima.

Para o Conselho (ou comitê, dependendo do vocabulário da governança) deve ser enviado o PPT com os *highlights* do projeto e com as resoluções técnicas e editoriais discutidas na reunião periódica.

Este modelo de gestão, que combina sistematicamente reuniões de controle e relatórios recorrentes, pode ser traduzido, graficamente, pela régua de atendimento mensal a seguir, que se renova a cada mês.

Brand publishing é consistência e organização. O grupo de trabalho precisa fazer uma reunião de *checkpoint* semanalmente, além de um *report* qualitativo às sextas-feiras com os avanços e prioridades. Todo mês acontece a reunião de conselho editorial. E, após o lançamento, há um relatório diário de audiência, baseado nos indicadores definidos no plano. Essas ações acontecem de forma perene.

Fonte: Metodologia Barões

Resultados

Accountability. Ah, como uma tradução exata dessa ideia faz falta para o português brasileiro! Até mais que *publishing*. Até mais que marketing. Afinal, *accountability* representa a ideia da responsabilidade objetiva e mensurável em um processo de trabalho. Ainda mais em um processo como o *brand publishing*, que requer integração matricial entre diferentes disciplinas, da gestão à operação.

Pois é apenas com uma *accountability* clara que os resultados virão. E vindo, são resultados de todas as áreas, da empresa como um todo. Pois indicadores-chaves não faltam: desde usuários, *pageviews,* tempo médio, palavras indexadas, alcance, engajamento, *clusters* de *cookies*, dados demográficos, dados pessoais, CPC, resultados de fundos de funil, ou seja, uma miríade de KPIs.

Por isso é necessário um *road map*, como o a seguir, para respeitar o tempo de amadurecimento do ativo. Afinal, não preciso dizer que tudo que tem valor leva tempo, certo? Já superamos esse racional rudimentar. Então, se pensarmos no horizonte de 1 ano, temos um processo de planejamento, que vira MVP, onde são amadurecidos processos de plataforma, conteúdo, distribuição e gestão; depois, um segundo semestre de escalada de audiência e descida no funil em termos de distribuição, inclusive já testando alguns modelos de integração a negócios, de editorial a técnico:

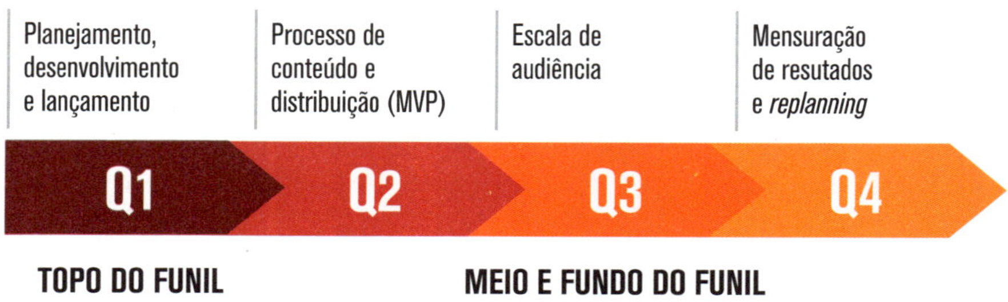

Fonte: Metodologia Barões

Quando se vê, o tempo passou rápido, as "frutas maduras" foram colhidas e o último trimestre enseja o planejamento para o próximo ano, para um novo ciclo de amadurecimento e desenvolvimento de resultados.

Resultados que passam por *awareness*, credibilidade, reputação, visibilidade, influência, audiência qualificada, dados proprietários (primários e *zero-party*) e, claro, geração de negócio, na qualidade de uma mídia para ativação das campanhas de marketing das áreas de negócios. Por isso, aqui vai uma dica de ouro: é importante medir a audiência do *hub* no setor em relação ao setor de atuação da marca, comparando os números de audiência com *players* tradicionais e competitivos. Na Barões, usamos esse método em todos os projetos, mirando sempre no *Top* 5 do setor em termos de audiência após o primeiro ano de operação. Audiência essa que não basta ser numerosa: também deve ser bem qualificada, em paralelo com o processo de expansão. Mas isso também passa por aprendizado, conforme explica Walter Romano, da MRV&CO:

> *"As métricas de mídias sociais talvez tenham frustrado bastante os gestores, que ainda não eram digitais e que foram seduzidos por uma compra de seguidores. A fase que a gente está vivendo agora é de como mostrar que a mídia proprietária tem valor; que você tem sua audiência. Isso não é a mesma coisa do que foi comprar seguidor no Facebook, só pra dizer que você tinha a maior base de seguidores. Porque o* brand publishing *é realmente desintermediado. Nas redes sociais você não estava construindo uma casa - nunca foi sua propriedade, e podiam tirar você de lá, com as pessoas dentro. Mas com a mídia proprietária, não. A audiência e os dados são seus. Sua responsabilidade para manter essa audiência conectada e saudável, para obter bons resultados, é ainda maior."*

O desenvolvimento de tais resultados vem da integração virtuosa a outras áreas. Por exemplo, com um *hub* potente e competitivo em seu setor, nenhum profissional de marketing descartaria a mídia proprietária da própria empresa, onde ele pode testar conceitos e maximizar resultados. Essa relação gera muito aprendizado, com controle e autonomia. O *hub* pode até gerar resultados por si só, com veiculação de campanhas de marcas de terceiros, dependendo da relevância do ativo. Mas isso vale apenas em casos específicos, se fizer muito sentido para o negócio. Já interceptei no mercado gente com a ideia temerária, que não para de pé, de propor um projeto de *brand publishing* dependente de receita de mídia programática. Além de dificilmente fechar a conta, um *hub* que nasce com essa mentalidade avarenta jamais será usado como ferramenta de comunicação estratégica. Imagine, se as marcas do capítulo de *cases* se dobrassem a esse tipo de proposição...

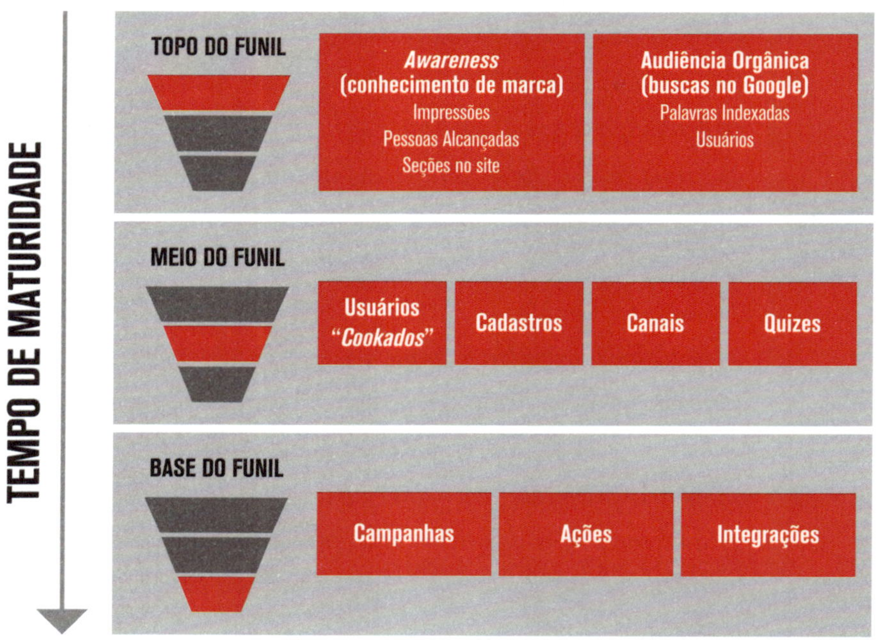

Fonte: Metodologia Barões

Até porque, por si só, um *hub* de *brand publishing* deve ser planejado como um ativo que se integra às demais ferramentas de comunicação, capaz de entregar resultados em diferentes níveis, com indicadores alinhados às diretrizes de negócios, sem abrir mão dos mais nobres objetivos de comunicação da empresa, como no esquema da página anterior.

Esse esquema, apesar de meramente ilustrativo, descortina o potencial de múltiplos resultados que podem ser aferidos em um ativo de comunicação editorial proprietário. Obviamente, todos os objetivos alinhados são devidamente mensuráveis desde que, voltando ao sagrado termo *"accountability"*, o grupo de trabalho conte com as interfaces preparadas para integrações conceitual e técnica, evolução dos processos e otimização de resultados.

parte 3

O FUTURO DA COMUNICAÇÃO EDITORIAL

capítulo 11

Infodemia e *fake news*

Por tudo apresentado até aqui, creio que podemos concluir, com razoável segurança, que vivemos no século XXI, de verdade. A mudança foi lenta, dramática; foi necessária uma pandemia para o século anterior ser enterrado de vez. Já estamos na nossa própria "década de 20" - portanto, já podemos deixar para trás os paradigmas anteriores. Porém, cientes de que, sem eles, não teríamos chegado até aqui.

Afinal, para promover mudanças reais, temos que conhecer a história. Aprender a analisar o contexto geral, para saber de onde estamos vindo e para onde queremos ir. Levo em minha vida uma frase de "Memórias Póstumas de Brás Cubas", romance do nosso gênio Machado de Assis, que resume bem o privilégio de saber ler nas entrelinhas:

> *"Grande coisa é haver recebido do céu uma partícula da sabedoria, o dom de achar as relações das coisas, a faculdade de as comparar e o talento de concluir!"*

Essa dádiva é para poucos, infelizmente. Brás Cubas agradeceu por ela em seu sepulcro. Destino das indústrias de mídia e comunicação do século XX. Justamente um dos setores mais impactados pela virada de séculos, foi um dos mais conservadores e resistentes a essas mudanças. Contradição irônica, bem machadiana. Os protagonistas dessa história tentaram manter seus negócios funcionando, baseados em um modelo de negócio um tanto quanto... póstumo. Quem não quebrou, está pagando caro para se reinventar.

A resistência às mudanças de modelo estava francamente gritante até as portas da pandemia de 2020. As décadas de 10 e 20 foram de digladiação de modelos de trabalho, com óbvio e ululante resultado final. Mesmo assim, teve muita tensão, o que atrasou o processo de mudança. No frigir dos ovos, talvez esse embate tenha sido necessário; fez parte do processo de depuração, para que hoje estivéssemos aqui. É preciso lembrar dessa fase com bom ânimo.

Porque era natural que empresas de jornalismo impresso, por exemplo, que foram protagonistas na Sociedade do Espetáculo - para o bem e para o mal - não fossem as mais interessadas em mudar um modelo até então confortável. Veja bem, o século XX, em especial no Brasil, foi confortável para os *publishers* tradicionais de notícias. Poucos *players*, uma sociedade iletrada, poucas marcas grandes no mercado, uma dúzia de agências. O fluxo de dinheiro era até previsível, ano após ano. Porque a barreira de entrada era alta, uma vez que o modelo estava estabelecido entre as marcas, agências e os conglomerados de TV, rádio, jornais e revistas.

Esse processo era aconchegante financeira e operacionalmente. Os processos de comunicação de marca estavam prioritariamente desenhados para desenvolver uma campanha de TV, dentro de um formato preestabelecido e consagrado pela Rede Globo de Televisão, além de *spots*, páginas de revistas e jornais, e demais formatos publicitários.

Mesmo com a emergência da "mídia com maior capilaridade da história da humanidade", vulgo "telefone celular", a tendência natural foi tentar manter esse modelo funcionando, ao derivar processos antigos para o novo meio.

Volto para o ano 2000, na defesa do meu trabalho de conclusão de curso de jornalismo na PUC-Campinas. Meus colegas de grupo e eu desenvolvemos um projeto experimental sobre internet. A "Série Clique", uma série de fascículos impressos, para serem suplementos semanais de jornal, que traziam reflexões sobre o impacto da internet em diversos aspectos da sociedade: cultura, economia, educação etc.

O ponto alto do trabalho foi conseguir entrevistar Laerte Coutinho, cartunista de quem sou fã, sobre o fascículo com o tema "Histórias em Quadrinhos" (sim, queríamos nos divertir no último semestre da faculdade). Na defesa do trabalho, um dos professores presentes na banca elogiou o projeto e citou o Evangelho, mais precisamente a parábola do Vinho Novo no Odre Velho, mencionada nos livros de Mateus, Marcos e Lucas. A internet era o vinho novo e o mercado de comunicação, o odre velho. Estava na cara que haveria ruptura.

Não deu outra. Os anos 2000 se apressavam para uma virada de chave universal. Logo de cara, em 2001, os ataques às Torres Gêmeas foram transmitidos e documentados no mundo todo pela internet, o que a fez se consolidar como meio de comunicação profissional.

O primeiro cataclisma global da era digital não apenas derrubou grandes sites pela demanda excessiva (o UOL teve que fazer uma página especial, levinha, para entregar a cobertura ao público), como até gerou um meme pioneiro na história dos memes da *World Wide Web*. Muitas leitoras e leitores vão se lembrar do *"Tourist Guy"*:

Fonte: https://pt.wikipedia.org/wiki/Tourist_Guy

Se não for seu caso, procure o contexto da montagem na Wikipédia e no Google. De fato, foi um meme com desdobramentos surpreendentes para a época.

A partir daí, a internet só escalou. Seja a cabo (que gradativamente substituía o emocionante barulhinho do *dial-up* pela veloz e silenciosa banda larga), seja via conexão móvel (com tecnologias antológicas como WAP e SMS), o mercado da informação deu um salto quântico. Voltando ao nosso guru Cezar Taurion, em uma perfeita observação sobre esse início do século XXI:

> *"Em 2002, lancei meu primeiro livro, "Internet Móvel – tecnologias, aplicações e modelos". A internet móvel estava no seu início. Não havia nada disso que conhecemos hoje. 3G era futuro! O iPhone apareceu apenas em 2007. Mas é interessante lembrar os tempos antigos. Comparar a internet de 2002 com a de hoje é mais ou menos como comparar a sociedade atual com a chegada de Dom João ao Brasil, em 1808..."*

Ano após ano, milhões de pessoas começaram a entrar no mundo do consumo de notícias de forma diária, através de seus computadores pessoais e corporativos e, principalmente, telefones celulares. Inclusive, milhões de pessoas que não tinham acesso ou hábito de leitura de notícias em meios impressos e que foram, naturalmente, vítimas da transição midiática. Em 2014, ano da Copa do Mundo do Brasil e de eleição presidencial, por exemplo, a "Pesquisa Brasileira de Mídia - Hábitos de consumo de mídia pela população brasileira" daquele ano mostrava que apenas 6% dos brasileiros liam jornais impressos diariamente; número que subia para 24% de leitores, contando os que usavam o meio pelo menos uma vez por semana. Quanto às revistas impressas, 85% dos brasileiros afirmavam não ler o meio. Apenas 7% das pessoas consumiam o meio uma vez por semana ou mais. Nesse mesmo ano, 2014, a penetração de *smartphones* já passava de 50% na população brasileira. Daí, conforme o escopo deste livro, é natural e lógico o movimento de ocupação das marcas como *publishers* especializados no espaço deixado por revistas setoriais e editoriais de jornais impressos, como vamos ver no próximo capítulo. Ainda assim, mesmo com todos esses elementos escancarados ao longo da década de 2010, os barões da mídia do século XX ainda tentavam adaptar essa dimensão infinita, que é a internet, a seus processos (ora tentando entender, ora tentando ignorar). Lógico que não foi possível.

Daí veio a "crise" de receita e modelos de negócios (nunca foi crise de demanda, é bom frisar). As *Big Techs* entraram no jogo sem fazer qualquer tipo de concessão, lastreadas pela estrutura técnica e pela mentalidade de negócio adequadas à plataforma digital. Um a um, grupos de mídia, no Brasil e no mundo, entraram em crise. Muitos foram à falência, outros continuaram trôpegos. Raros foram os que desenvolveram propostas sólidas para se reinventarem.

Duas décadas se passaram e a pandemia colocou termos finais na questão. Agora, depois do mundo híbrido se impor da maneira mais traumática possível, a década de 20 já começa sob novos modelos. Sem discussão. Podemos deixar para trás certos infantilismos conceituais, pois na medida que a sociedade se transforma na "Sociedade da Informação", a tal "informação" em si, em níveis profissional e competitivo, não pertence a um segmento específico da economia.

Os processos de gerar informação, noticiar, analisar, influenciar, não cabem apenas a poucos moderadores. Não mais. Os jornais, as revistas, os rádios, as TVs... nem a Globo, que foi "A" Globo, escapou da luta pela relevância e, inclusive, inicia sua oferta de *brand publishing*.

Esse completo rearranjo do ambiente de produção e distribuição de informações editoriais deixou claro que os moderadores tradicionais não dariam conta, naturalmente, de gerir toda a demanda por notícias, análises, informações e opiniões na nova plataforma digital. As redes sociais, com a produção fragmentada em nível individual, se tornaram os grandes conglomerados de audiência. O Google, maravilha maior que a Biblioteca de Alexandria, indexa todos os campos semânticos de interesse de qualquer pessoa. Só no Brasil, temos mais de 240 milhões de celulares; somos um dos países que mais utilizam o dispositivo. Cada celular é um dispositivo de mídia pessoal e completo, com ferramentas de texto, foto, áudio, vídeo, interação, oferecendo qualidade e liberdade.

Vou segurar aqui a vontade de me aprofundar em aspectos sociais, tanto para não sair do escopo, quanto para não propor uma reflexão superficial, já fora da minha área de formação. Apenas destaco que em uma sociedade ubiquamente conectada, com capacidade de relação direta entre qualquer pessoa e organização no mundo, não faria mais sentido as marcas relevantes publicarem suas informações exclusivamente através de plataformas de terceiros.

Esse cenário já estava muito óbvio, pelo menos para mim, entre 2012 e 2014, quando ainda estava no LANCE!, como diretor da área digital do grupo. Constatei, na prática, a falta de qualidade do processo das agências de publicidade nos meios digitais. Muitas campanhas estúpidas, mal-adaptadas, frutos de muita dificuldade técnica e de entendimento, com resultados previsivelmente pífios.

Foram incontáveis as vezes que recebi telefonemas "urgentes", de profissionais do departamento de mídia de grandes agências - sempre às sextas, às 18h -, pedindo algo de última hora para encaixar no *"budget"* de alguma campanha para a semana seguinte. O departamento comercial, refém desse *budget*, sempre topava, sob protestos da área de produto digital. A entrega, claro, não era das melhores, pois a origem da demanda trabalhava no caos.

Isso era recorrente em todos os veículos, em todo o mercado de comunicação. Me tornei colega e, em alguns casos, amigo de profissionais de outros veículos digitais - de grandes portais, até regionais. A reclamação era a mesma. O resultado, também. Acabou não funcionando. O que gerou um espaço muito grande para oportunistas.

Oportunistas de diversas laias, sobretudo produtores e distribuidores de *fake news* através de redes sociais ou sites obscuros, apócrifos. Em um formato que sempre emulava o "jornalismo" (manchete, *lead*, *sublead*), esses oportunistas ganharam o espaço que os *players* tradicionais - presos às antigas logísticas do meio e da mensagem - deixaram vazio.

Não vou entrar em questões técnicas e morais, aspectos que a jornalista e pesquisadora Magaly Prado abordou com profundidade no seu livro "Fake News e Inteligência Artificial: o Poder dos Algoritmos na Guerra da Desinformação", lançado em 2022. Porém, enquanto os jornais compravam briga com as *Big Techs*, os produtores de *fake news*, os oportunistas, os influenciadores sem lastros, enfim, charlatões e golpistas de diversas especialidades se serviram muito bem dos métodos de distribuição de conteúdo digital. Renato Cruz, jornalista, professor e Doutor em Comunicação pela ECA-USP, pinta o quadro com objetividade:

> *"Os veículos estão diminuindo e as redes sociais estão cheias de discurso de ódio e fake news. E as marcas, no meio de tudo isso, correm o risco de serem vistas como parte desse caos."*

Tentando competir com a gritaria, o processo editorial da mídia tradicional foi depreciado, pois agora ela precisava competir com redes emergentes. Como Renato Cruz observou, muitas marcas ajudaram a piorar o nível de ruído. O resultado é essa "infodemia", sob a qual todos nós estamos submetidos. Crise de credibilidade franca, como a Edelman já constatou, conforme vimos na primeira parte deste livro.

Com a derrocada definitiva do modelo de negócio do século XX, as práticas adequadas à Sociedade da Informação agora começam a brotar e a amadurecer. Como um otimista incorrigível, creio que estamos começando a nos preparar para a retomada após a "infodemia" (fazendo a escancarada analogia com a retomada após a pandemia, para não deixar dúvidas).

Daí a importância fundamental das marcas, como entes com credibilidade na sociedade, em também atuarem como *publishers* e distribuidoras de conteúdo, com ênfase em sua mídia proprietária, integrada a diferentes formatos, sistemas e *outlets* de conteúdo, como redes sociais e mecanismos de buscas. Uma marca com propósito deve pensar na sua atuação como *publisher* como uma maneira não apenas de gerar autoridade, trabalhar a reputação, gerar *awareness* ou negócios e dados primários. Deve pensar na sua posição como agente especializado de informação para contribuir com a qualificação do debate e do processo de informação em seu segmento de atuação.

Esse trabalho deve estar em linha com os necessários compromissos da marca com a sociedade, como a atuação em ESG (sigla para *Environmental, Social and Governance*, em inglês). Pois o compromisso de melhorar a sociedade da informação é de todos os agentes relevantes.

Por isso, as marcas com autoridade e relevância precisam tratar a comunicação editorial como *core*. Não mais só os seus serviços e produtos devem ser colocados no mercado, mas sim a informação que ela produz sobre seu setor, para ajudar a construir uma sociedade melhor informada. Comunicação editorial não pode mais ser um processo derivado.

Esse papel é central para toda marca que tem autoridade e que causa impacto na sociedade. Nenhuma marca realmente relevante pode se esquivar da missão de informar e formar opinião, em nível profissional. Esse processo se torna intrínseco ao negócio na sociedade da informação.

Trocando em miúdos, as marcas relevantes - de qualquer setor - precisam se tornar uma *brand publisher*. Ou, em português, marca publicadora. Essa obra usa o *"Brand Publishing"* como termo dominante. Mas "marca *publisher*" seria uma boa alternativa. *Mezzo* português, *mezzo* anglicista. Híbrida, como a internet, a sociedade e a informação.

capítulo 12

Jornalismo independente X Marca *Publisher*

É claro que o *brand publishing* não vai dominar totalmente as coberturas, análises e informação dos segmentos. Soaria absurdo e indevido alguém achar isso viável ou saudável. Vou aqui frisar o óbvio, para não deixar margem para qualquer dúvida: as estruturas independentes de jornalismo são fundamentais para a sociedade, ainda mais na Sociedade da Informação.

Aqui recorro ao Pyr Marcondes, jornalista, publicitário e empresário, pioneiro na cobertura da indústria de mídia sob a perspectiva digital. Pyr tem, somados, uns 25 anos de trabalho no Meio & Mensagem, entre outras publicações, como Exame e Jornal da Tarde, além de participação em agências e no histórico Starmedia. Hoje é empreendedor, sócio da Pipeline Capital e fundador da *holding* de *startups* Macuco Tech Ventures. Em 8 de julho de 2022, tivemos uma conversa muito produtiva e, de certa forma, heroica, pois foi realizada após três desencontros anteriores. Pyr não tem dúvida de que uma marca pode ser um *publisher* de credibilidade no seu setor:

> *"[...] acho legítimo que uma marca se utilize do trabalho jornalístico, editorialmente falando, desde que seja uma marca séria, que tenha autoridade, que faça um trabalho competente, bem feito, seguindo as regras clássicas do bom jornalismo em benefício da construção das suas próprias imagem, notoriedade e do seu posicionamento no mercado e na sociedade."*

Mesmo que o termo "independente" seja relativo, desde sempre, como muito bem explica Pyr, para nos ajudar no debate e na fundamentação desse delicado capítulo:

> *"Não acredito em jornalismo independente. Essa palavra, "independente", junto a jornalismo, nunca existiu. O jornalismo sempre foi dependente de alguma coisa no mundo contemporâneo. O jornalismo sempre foi vinculado à publicidade para sobreviver. Todas as grandes publicações, os grandes veículos de mídia - e eu respeito todos eles - estão ligados à publicidade. Aí você pode dizer, certamente alguém diria, que eles são independentes, pois tem aquela história de separação entre Igreja e Estado; de que os veículos não estão submissos aos anunciantes. A afirmação pode ser até verdadeira em alguns casos, mas há, sim,uma dependência econômica. Há também uma dependência ideológica do dono daquela publicação.*

> *Aqui, no Brasil, há uma situação clássica: nós temos grandes famílias que seguem donas de grandes conglomerados de comunicação, que expressam uma ideologia ou um conjunto de ideias, que podem até ser democráticos, digamos assim, mas seguem a lógica e a norma do dono do grupo de comunicação. Então, isso não é independência, não é? Mas isso é bom jornalismo, como esse de que nós estamos falando e que as marcas também podem fazer."*

Além dessa dependência ideológica de grupos de comunicação a algum fator específico, a dependência econômica da publicidade sempre foi umbilical para muitos operadores de mídia, sobretudo revistas setoriais e editorias especializadas de jornais, veículos sempre ligados aos movimentos de um determinado setor da economia. Tanto é que acabaram os intermediários inócuos, que existiam só para tentar ser um *player* no mercado publicitário. No jornalismo setorial e especializado, espaço que o *brand publishing* editorial ocupa com excelência, tal processo foi implacável: muitas publicações setoriais fecharam as portas, pois simplesmente perderam o sentido de existir.

Na época do "Internet Móvel", do Taurion, em 2002, o recém-privatizado setor de telecomunicações investia bastante na mídia setorial. Existiam uns 14 títulos de publicações editoriais sobre os mercados de TI e Telecom, muitos dos quais distribuídos gratuitamente para um *mailing* setorial.

Na época, foi visível a euforia das editoras, algumas internacionais, após a privatização do setor durante o governo FHC - consequência da Lei Geral de Telecomunicações, que teve como um dos principais articuladores o então deputado federal Arolde de Oliveira, com quem ainda tive prazer de trocar boas ideias sobre transição midiática.

Aquela geração de políticos e reguladores foi chave para o destravamento dos mercados de telefonia, celular, internet e TV a cabo. Em um ritmo de estruturação avassalador, havia dinheiro e demanda para patrocínios, eventos, debates e informação. Muitas empresas se organizavam, principalmente sob o tripé "revista + site + eventos setoriais". Mas havia iniciativas demais. A cobertura "independente" ficava desnecessariamente repetitiva, é claro. Como Renato Cruz, que na época já se despontava dentre as novas e principais vozes sobre inovação, TI e Telecom, observou:

> *"Sobrou um grupo que ficava se comunicando entre si. Operadoras, fabricantes e empresas do setor. Eles ficavam fazendo eventos e trocando informação entre eles; como num gueto. Exatamente as mesmas pessoas falando para as mesmas pessoas."*

Renato Cruz fala com propriedade. Quando se formou em jornalismo na USP, em 1995, já entrou de cabeça na internet, com um TCC sobre o tema. Depois, se firmou como um dos principais jornalistas sobre inovação, mídia digital e transformação digital. O jornalista foi um agente ativo da depuração desse mercado que, com o passar do tempo, foi se transformando. Ficaram os *players* mais relevantes, mais organizados empresarialmente e com melhores coberturas e análises.

Como, por exemplo, a Mobile Time, do *publisher* e jornalista Fernando Paiva, *spin-off* do Grupo Glasberg. Tirando a Mobile Time e algumas outras honrosas exceções, a maioria só atuava como intermediária, com uma audiência pequena e processos menos profissionais. O próprio Renato Cruz também se movimentou em um rearranjo mais amplo: saiu da posição de repórter de tecnologia do

Estadão e hoje é sócio da Inova.etc, uma agência de comunicação para marcas que investem em transformação digital, além de ter uma profícua carreira como escritor e professor universitário. Pudera, é Doutor pela ECA-USP.

Esse êxodo da cobertura setorial também foi constatado em outros segmentos, como energia e turismo, por exemplo. À medida que cadernos setoriais de jornais eram descontinuados, revistas especializadas encerravam as operações. Tanto as que cobriam setores industriais, quanto as que cobriam verticais de interesse dos consumidores - vide o encerramento de vários dos títulos da Editora Abril. Em paralelo a esse processo de erosão, as marcas, gradualmente, passavam a fornecer mais informações para suas audiências pelos meios digitais, conforme Cruz observa:

> *"Houve uma redução do mercado e, ao mesmo tempo, uma crise de confiança das pessoas. Acho que uma parte disso vem dessa redução das redações, com equipes menores. Antes, as marcas tinham que passar pela mídia para chegar às audiências; hoje, parte dessa relação pode ser direta."*

Essa relação direta começou primeiro para fins institucionais e comerciais, com os complexos sites institucionais; deu um salto, com as redes sociais; e agora, de maneira mais depurada e estruturada, com programas de comunicação editorial para informação e formação de opinião de suas audiências.

Sim, informação e formação de opinião chanceladas por uma marca com autoridade e relevância, que pode oferecer uma análise setorial qualificada, portanto. O que torna o *brand publishing* editorial uma atividade válida de jornalismo especializado, como enxerga Pyr Marcondes:

> *"Isso é jornalismo especializado. O fato de estar a serviço de uma marca, na minha opinião, não tira a qualificação de jornalismo. Porque aí tem todo cuidado editorial necessário, tem todo o cuidado de forma, tem todo cuidado de linguagem. Tem todo o cuidado no levantamento de informações, pesquisa e organização disso tudo. Tem uma lógica narrativa que contempla o melhor entendimento para o público. São todos esses elementos do jornalismo, operados por profissionais originalmente - mas não exclusivamente - vindos da formação jornalística, não é? Esses elementos todos são fundamentais para um publisher mais convencional, ou para o brand publishing."*

Como a leitora ou o leitor já deve ter percebido ao longo da leitura, minha visão sobre a natureza do *brand publishing* como uma atividade de jornalismo setorial vai ao encontro da afirmação do Pyr Marcondes.

Por isso é valioso ter um contraponto lúcido e necessário, com a visão instigante do Ricardo Gandour. Filho de *publisher* de mídia impressa do interior de São Paulo, Gandour é hoje consultor de comunicação com foco no terceiro setor e professor universitário. Ao longo de sua carreira, já foi diretor editorial de organizações como Globo, Estadão, Folha de S. Paulo e ANJ, e passou por grandes escolas de jornalismo, como a USP e a Columbia. Gandour entende que o *brand publishing* utiliza de forma legítima o formato jornalístico, mas diz que a atividade não pode ser considerada jornalismo porque, em sua visão, jornalismo é um método:

> *"Muitas situações que se apropriam do formato jornalístico não levam junto o método. O Branded Content, por exemplo, pode ser um conteúdo muito legal, legítimo. Tem coisa muito bem feita, de alta qualidade que você lê e se informa.*

> *Que contém o formato jornalístico na sua apresentação, mas não é jornalismo. Porque não contém o método jornalístico que pressupõe uma permanente desconfiança, uma eterna dúvida. Assim, o Branded Content e o próprio Brand Publishing não são jornalismo. Eles se apropriam do método do formato jornalístico, mas não do método. Essa é a grande diferença. Para mim, é uma clareza que eu acho que a gente tem que ter, até para usufruir e aproveitar de tudo que o formato tem de bom."*

Independente de sua natureza, o *brand publishing* precisa respeitar todos os critérios intrínsecos ao jornalismo "independente" (em tempo: aqui, excluo da discussão o *"branded content"*, no sentido exposto na Pirâmide de Maturidade, que muitas vezes adota o tom de voz publicitário e é operado de maneira fragmentada, não necessariamente contínua).

Na visão de Gandour, é preciso definir muito bem as fronteiras entre "jornalismo puro" e *brand publishing*, até para que o conceito fique claro e a filosofia de trabalho e a gestão do "jornalismo puro" sejam preservadas.

Até por isso, creio eu, o *brand publishing* deve ir além no seu rigor e, a partir da explicitação da origem do conteúdo, prestar um serviço de informação editorial para ajudar a qualificar a circulação de informações, sob um fluxo permanente de gestão editorial. Com o público compromisso de melhorar a sociedade com um propósito editorial íntegro, observando as melhores práticas do "jornalismo puro", defendido por Gandour:

> *"Na minha carreira persegui muito essa governança dinâmica do jornalismo enquanto método incansável de apuração. Citando Carl Bernstein, o jornalismo é uma busca permanente pela melhor versão possível da verdade.*

> *Isso posto, o* brand publishing *deve ser feito da melhor maneira possível, com acurácia, transparência e precisão, como uma prestação de serviço de informação, como no jornalismo setorial. O jornalismo especializado sempre foi distante desse meu conceito radical; a gente que não enxergava isso. O jornalismo de esportes da Globo, por exemplo, passou para entretenimento. Mas no momento que a ANVISA invadiu o jogo entre Brasil e Argentina, eles se mobilizaram na cobertura jornalística, porque o DNA de cobertura da Globo é muito forte. Claro que tem gradações, mas tem coisas do jornalismo puro que precisam ser preservadas, inclusive para separar a atividade do* brand publishing*. Estou sendo radical nessa conversa porque alguém tem que cuidar das utopias. As utopias são necessárias como referenciais."*

Esse referencial proposto é de vital importância para o livro, até para preservar a discussão sobre as transformações que o jornalismo vem sofrendo, e pontuar o *brand publishing* como jornalismo setorial especializado (como as revistas especializadas e as editorias de jornais impressos, que cobriam determinadas indústrias). Admitindo que *brand publishing* não é jornalismo puro, podemos considerar que ocupa muito bem o espaço de *publisher* de conteúdo editorial especializado, pelo menos dentro das gradações admitidas pelo Gandour. Marcas passam a ser *players* de informação relevantes, utilizando técnicas de jornalismo especializado, para somar forças no processo de resgate da valorização da atividade editorial profissional, em linha com os *players* independentes de qualidade, que urgem sair fortalecidos dessa pós-infodemia.

Sobretudo os veículos especializados que souberam atravessar a década, como o já citado Mobile Time, sobre mobilidade; o Meio & Mensagem, do *trade* de comunicação e mídia (que desde 2020 tem me aberto espaço para publicar artigos sobre *Brand Publishing*); o Canal

Energia, do setor elétrico; o canal Arnaldo e Tironi, da nova mídia esportiva, entre muitos outros, de todos os segmentos relevantes, que geram valor com informações diárias, eventos importantes, pesquisas e serviços para o setor.

A qualidade técnica do "novo jornalismo setorial", agora composto por *players* independentes e marcas publicadoras, também pode inspirar, em termos de qualidade e processo, os *publishers* gerais e regionais, que produzem *hard news* e buscam, em tese, a multiplicidade de visões, sob uma governança jornalística pura. Que seus conjuntos de crenças e valores também sejam explicitados, sobretudo na cobertura política, econômica e social, para o bem da democracia.

Bom, como este não é um livro sobre operação e modelos de negócios de *players* independentes de notícias, não vamos sair do nosso foco. Só vale destacar que o *brand publishing* será protagonista no ecossistema de cobertura editorial setorial com a fundamental participação das marcas *publishers*, que passam a atuar como analistas e *think tanks* de seu setor. Com propriedades de comunicação editorial alinhadas com suas especialidades, seus propósitos e sua visão, de forma totalmente declarada, como aponta Pyr:

> *"O jornalismo de marca constrói um arcabouço de conteúdo relevante que interessa para sua audiência. Ele pode ser de uma marca e não ser tendencioso. Eu me sinto muito confortável em dizer que é jornalismo sério, que deve ser tratado assim."*

Essa nova galáxia, reorganizada, vai contribuir para resgatar o valor da atribuição da origem do conteúdo, inclusive para mitigar o espaço de oportunistas, pelo menos no seu próprio setor. Com essa abordagem, a marca atingirá seus resultados, frutos da confiança conquistada com a posição de *publisher*.

Justamente por ser um movimento tão nobre, com um nível de exigência altíssimo, como aponta Gandour, é inviável lançar o projeto pensando em monetizar com mídia programática e geração de *leads* de imediato, pois esse processo leva tempo. Confiança editorial não se conquista do dia para a noite, ainda mais em uma sociedade traumatizada por tanta desinformação, que sairá totalmente transformada da infodemia.

Por isso que a marca, ao entrar na arena dos *publishers* setoriais, deve se declarar como tal. Não é desejável operar como *"unbranded publishing"*, para o bem da transparência do processo de informação, que é uma demanda urgente da nossa sociedade. Claro que o *brand publishing* pode ter linhas de receita diversas (até publicidade) e canais diversos com diferentes recortes e públicos. Mas essas iniciativas devem se pagar já na primeira camada do funil, ou seja, pela construção de *awareness* da marca como autoridade editorial em seu setor. A partir dessa construção, os demais resultados são consequentes, conforme ressalta Renato Cruz:

> *"A marca não precisa falar sobre um produto específico, ou ficar mostrando o tempo todo onde encontra um serviço, mas sim fornecer um panorama de informações e ajudar as pessoas a tomarem decisões mais acertadas. Primeiro, ela conquista a confiança da audiência; depois, consegue vender melhor o que tem para oferecer."*

Claro que esse tema é inesgotável. Visões como a do Pyr Marcondes, do Ricardo Gandour e do Renato Cruz ajudam a leitora ou o leitor a balizar e formar sua própria opinião. Com o crescimento das marcas como *publishers*, muitas publicações e debates ainda serão feitos - este livro é só o começo. Por isso seria ingênuo tentar aprofundar muito mais o debate específico sobre jornalismo, até porque este é um livro de gestão, negócios e comunicação. Um livro que aponta claras oportunidades de trabalho para diversos profissionais – inclusive, jornalistas por formação e carreira - para desenvolver um projeto de comunicação editorial de marca com técnicas fundamentadas e íntegras de jornalismo especializado. Afinal, o cenário está claro: marcas com autoridade e boa reputação vão migrar da prática predominante do conteúdo persuasivo para o protagonismo do conteúdo informativo.

Mas, antes de finalizar o tópico, quero destacar a oportunidade de um projeto de *brand publishing* trabalhar com produção de opinião qualificada, ao abrir espaço para especialistas e técnicos da empresa ou do setor, para ajudar a fundamentar os debates lógicos e racionais, que se perderam na gritaria das redes sociais. O cerne desse problema é apontado por Renato Cruz, em sua tradicional objetividade:

> *"As redes tornaram o ritmo de publicação mais intenso e, diante dessa abundância de informação, muita gente não sabe mais diferenciar notícia de opinião."*

De fato. O resgate da atividade de *publishing* de maneira mais estruturada, com a entrada das marcas nessa arena, vai abrir importante espaço para pessoas que têm autoridade em seus setores. A maioria delas sem a mínima paciência para debater via Twitter, limitado a centenas de caracteres que privilegiam a superficialidade e a estupidez, e não a objetividade ou a clareza do raciocínio.

Em geral, o ruído das redes sociais, inclusive no LinkedIn, não permite a estruturação de raciocínios lógicos. Os *hubs* setoriais, puros ou de marca, resgatam esses destinos, como *locus* de debate público estruturado e especializado. Pouco a pouco, ajudam a resgatar a noção da diferença entre pitaco e opinião qualificada. Por isso, além de centros de excelência em informação setorial, as marcas também passam a ser - fundamentadas pelo seu posicionamento editorial - formadoras de opinião em seus segmentos.

capítulo 13

Cultura de gestão

Por tudo isso, indo para as considerações finais do livro (muita calma nessa hora, pois ainda passaremos pela universidade), é preciso escrever algumas linhas para reforçar a urgente necessidade de profissionalização da área de comunicação.

A começar, pelo olhar do CEO e dos líderes de uma organização. Acabou a fase de terceirizar o conceito de comunicação para profissionais despreparados e agências desorganizadas. Comunicação não é aventura. É o negócio em si, sempre foi. Mas agora, na Sociedade da Informação, é mais do que nunca. Portanto, é preciso "sair da zona de conforto" - pra usar um clichê corporativo - e começar a entender muito bem o papel da sua marca em seu setor e na sociedade. Para Walter Romano, da MRV&CO:

> *"Ainda há uma tensão resistente entre modelos de gestão em grande parte das empresas. Uma expectativa de movimento de flight de campanha, não é? Organizações, ou seja, as pessoas, os profissionais de comunicação e os executivos de negócios foram educados dessa maneira. Apenas pensando naquele grande momento da comunicação que, claro, faz sentido no momento promocional, em ações específicas. Mas nessa lógica de construção narrativa e informação todos os dias, a marca tem que se estruturar. Isso é muito claro e eu acho que esse é o papel dos gestores de comunicação. Chamaria de gestores da comunicação contemporânea, responsáveis também pela educação interna. Que mostra como a marca está presente o tempo todo; que tem canais, que tem audiências. Audiências que esperam que você participe de conversas, e não só as imponha."*

Para bancar essa estruturação, os profissionais de comunicação precisam se preparar muito melhor. Precisam conquistar o status profissional de engenheiros, economistas e administradores. É preciso vender internamente os novos processos, com autoridade, para que os mesmos sejam estabelecidos para o bem dos negócios. É preciso conversar de igual para igual com as áreas de estratégia, marketing, negócios, pessoas, relações institucionais, técnicas, sem um pingo de subserviência.

Distantes do tal "caos criativo" e inteligentes em relação aos *hypes*, profissionais de comunicação precisam focar em gestão e desenvolvimento de negócios, de maneira protagonista, nas organizações. É mister desenvolver habilidades corporativas sofisticadas, seja no nível de gestão, seja no nível técnico. Afinal, a excelência na comunicação e na gestão de projetos é fundamental, com clareza de raciocínio de cada processo, projeto, ação ou campanha e sua real conexão com a geração de valor do negócio em si. Gestão ativa é vida, pois consiste em estabelecer esses processos e estruturá-los de maneira clara, conectada ao *core* da governança da organização. Leandro Provedel, da ENGIE, resume:

> *"Para capturar a riqueza da transição midiática, o desafio é a gestão. Pois o esforço será cada vez maior para mídias proprietárias, por causa de um aspecto: o tempo que a gente dedica para a mídia proprietária exige concepção estratégica sobre o conteúdo, a plataforma, a distribuição. Precisa de mais gestão. Inclusive com pessoas do mais alto nível da empresa, como o Conselho, que pensa na linha editorial. Ter o checkpoint semanal para analisar as tarefas e táticas; ter o diretor dedicando tempo ao projeto. A* owned media *é a que vai ser mais relevante: já até diz, é proprietária. O futuro é da* owned media*, pois é mais sofisticada, exige gestão interna qualificada e parceiros externos bem qualificados."*

Como resultado dessa sofisticação, o profissional agora deve entender, de fato, de dados, de integração tecnológica, de mecânicas contábeis, de processos comerciais, de design, sistemas, logística de distribuição, métricas, leis, tendências, gestão e negócios, em si. Conhecer os resultados, para medi-los, no detalhe. E, a partir de sua atuação, aprimorá-los.

Como falamos, CEOs, presidentes e demais diretores têm que estar atentos a esse perfil da executiva ou do executivo de comunicação. Não pode ser mais aquele profissional periférico, de gestão derivada, à mercê das opiniões inconsistentes, inseguro de sua posição, que sai em disparada para contratar uma campanha de *out of home* só porque o CEO viu uma propaganda do concorrente no caminho para casa. Boa parte de quem está lendo este livro certamente já se deparou com a frequente situação de a comunicação não ter muita força na organização e seguir direcionamentos constrangedoramente errados de outras lideranças de uma empresa.

O banalizado fetiche por "inovação" sem critérios, por exemplo, faz o marketing e a comunicação se ocuparem com *hypes* sem reflexão. De ClubHouse (de que provavelmente ninguém vai se lembrar, quando o livro for lançado) ao famigerado Metaverso (que por sua vez, no tempo certo, vai ter que entrar na matriz *paid-owned-earned media*).

Além, é claro, de todo um operacional ruim, muitas vezes sem lógica bem fundamentada, ao sabor dos humores dos líderes que, por sua vez, também não fazem ideia do que estão fazendo. Nesse processo, as organizações deixam de fazer o que deve ser feito. É a fórmula para a derrocada.

Por isso que, em tempos de transição midiática, muitas marcas sofrem com "crises", que na verdade não são de demanda, mas sim de modelos. E os novos modelos passam, necessariamente, pela comunicação da marca; em especial, a digital. Em particular, a editorial.

Por isso toda empresa - não apenas o profissional de comunicação ou o CEO - tem que discernir claramente a mídia proprietária da mídia paga e da adquirida, como já repetimos *ad nauseam* neste livro. Tem que saber integrar esforços, otimizar processos e gerar resultados mensuráveis - e, sobretudo, relevantes.

Com o crescimento inescapável da frente de mídia proprietária, profissionais de comunicação com efetivo "*mindset* de gestão" serão absolutamente necessários nos desafios das marcas. Marcas que, na comunicação editorial, devem operar no nível de sua excelência. Com muitas outras práticas que exigem processos igualmente organizados e maduros.

Daqui pra frente, espero passar menos vergonha alheia com os "gurus de PowerPoint" nas áreas de mídia e comunicação. Espero ver os destaques do mercado atribuídos a mais gestoras e gestores, de fato. Pessoas que dão valor ao trabalho inteligente e não apenas à retórica.

Ana Bicho, CEO da Wace Studio, de Portugal, teve um notável trabalho à frente da AdClick, com impactos importantes no mercado brasileiro. Essa engenheira portuguesa, formada na área de microeletrônica, aponta ao fato de que o jogo mudou de vez, não apenas no Brasil, mas também na Europa - em particular, em Portugal. A líder da Wace, que desenvolve projeto de conteúdo, inclusive *brand publishing*, explica que o Velho Mundo (e d'além-mar) também clama por gestão consistente na comunicação:

> *"Essa estruturação, essa processualização para haver muita consistência no trabalho, que se destina àquele propósito, é algo que nos tem diferenciado no mercado. Porque trabalhamos integrados. Por exemplo, nosso cliente, se quisesse o mesmo serviço com outras agências, teria de contratar uma criativa. Afora outros recursos para tentar chegar a um resultado semelhante àquilo que nós estamos a conseguir entregar ao cliente, portanto. A gestão tem sido realmente um dos nossos diferenciais."*

De fato, é preciso valorizar o profissional que entrega, não que fala demais. Pioneiro é quem estabelece a prática primeiro - e não quem fala bobagem primeiro. Esse é um ponto muito crítico do livro, sobre o qual não posso me omitir: os líderes das marcas têm que se atentar para o profissional de comunicação consistente, valorizá-lo pela inteligência e pela geração real de valor.

A medida não é aparecer muito no LinkedIn ou dar palestras. Tampouco há espaço para comportamentos tóxicos, promoção de caos e gestão confusa, que desembocam em exigências sobre-humanas de operação, de forma desorganizada. Como, infelizmente, muitas vezes aconteceu em agências e departamentos de comunicação das marcas. Vide as anuais planilhas anônimas que circulam por e-mail, detonando as agências. Vale lembrar: as marcas também são culpadas por tais absurdos, por não exigirem organização de seus fornecedores. Joe Pulizzi é certeiro:

> *"Não dá mais para pensar com a cabeça dos profissionais que aprenderam tudo nos anos 80, 90. Gosto de conversar com CMOs e dizer: 'Eu sei que vocês têm números. Mas vem cá, qual é a missão, qual é o objetivo de vocês? Pelo que vocês querem ser conhecidos? Vocês querem ser reconhecidos por suas autoridades, certo? Se vocês querem chegar nessa posição, vocês não podem anunciar e não podem sair interrompendo as pessoas. Os consumidores têm escolha, eles podem se desligar. Agora, para vocês serem indispensáveis para eles, serem indispensáveis em seus trabalhos, em vidas, vocês têm que trabalhar com informação, com* **brand publishing***. Não é isso que vocês querem? Vocês não querem ser necessitados? Agora, se vocês precisam de seis meses para ter resultados, vão lá, interrompam o máximo de pessoas que vocês puderem. Vocês não precisarão de gestão."*

É, turma, o jogo mudou. Quem não entendeu isso está fora. Daqui pra frente, os profissionais de comunicação devem conquistar a consideração de seus pares, como já conquistaram os diretores de vendas ou de negócios. Para isso, é preciso foco, processo, tração e resultados. Para isso, os profissionais de comunicação têm que se preparar para gestão de alto nível, à altura de seus interlocutores.

A partir de um desempenho de alto nível da marca, as evoluções associadas ao processo de transformação digital na comunicação viram um processo permanente, fundamental para uma organização ser bem-sucedida no século XXI. Em especial a frente de comunicação editorial, que pode derivar, de maneira muito bem integrada e bem-sucedida, para praticamente todos os temas e estratégias de negócios de uma marca.

capítulo 14

Oportunidades para cursos de comunicação e mídia

Claro que, para atender esse mercado cada vez mais exigente, os cursos superiores de comunicação têm que mudar, pra ontem. Novas diretrizes curriculares têm que se aprofundar de vez nas discussões teóricas, aplicadas à prática real, para a reflexão objetiva sobre uma sociedade que os fundamentais Debord e McLuhan, sozinhos, não dão mais conta.

Costumo dizer que estudar Mídia e Comunicação é um caminho que eu escolheria para meu filho. É um campo de estudo extraordinário, que vai crescer de forma cada vez mais central na humanidade. Mas não o encorajaria a encarar um curso de jornalismo (como eu fiz), publicidade ou relações públicas nos formatos oferecidos atualmente. Nem os demais cursos derivados desses, que tampouco atendem, com qualidade e abrangência, a disciplina de Mídia e Comunicação.

Os cursos de comunicação, cada vez mais, devem formar gestores que saibam pensar de maneira estratégica, com visão de gestão e negócios, inclusive para evitar as confusões conceituais com as práticas e o compromisso com a qualidade das frentes de trabalho em comunicação. Mas, segundo Martha Terenzzo, professora da ESPM, esse necessário discernimento não está em linha com a evolução da indústria:

> *"Por exemplo, muita gente confunde formatos distintos entre si na comunicação. Seja storytelling, que é um conceito distinto de brand publishing e branded content, sejam brand publishing e branded content, que são formatos de comunicação editorial. Já as redes sociais são plataformas. Os termos, formatos e plataformas são conceitos distintos. Eu posso combinar formatos distintos de forma integrada, porém sabendo que são frentes separadas. É necessário clarificar as atividades para nortear o trabalho. Aqui no Brasil, banalizamos muito os conceitos. Percebo uma falta de compromisso com os conceitos. Muitas marcas classificam esses formatos de maneira superficial, sem reflexão, sob um processo de decisão juniorizado, sem entender a pertinência e os potenciais de cada atividade. Isso é fruto, inclusive, da formação de faculdades que não oferecem cursos de qualidade, bem como da educação como um todo."*

Renovando minhas pesquisas para este livro, me surpreendi, por exemplo, com o fato de a disciplina de Ética não ser mandatória no currículo de cursos de publicidade. Nem todas as instituições, algumas de muito renome, oferecem essa matéria. Várias das que oferecem a relacionam com práticas e regras do mercado publicitário. Apesar de ser o curso de comunicação que melhor aborda práticas de negócios e gestão, precisa evoluir na preparação de seus estudantes para uma Sociedade da Informação, com novos conjuntos de valores e práticas profissionais.

Já o curso de jornalismo tem a vantagem de ter a disciplina de Ética como pilar central, a ponto de provocar alguma reflexão sobre a indústria e o mercado nos quais está inserido. Por outro lado, muitas faculdades ainda priorizam a formação para o debate acadêmico hermético, que não chega em gestores de outros campos, ou para preparar profissionais tendo como modelo central o trabalho em agências de publicidade e veículos de imprensa, estruturas economicamente decadentes. Por isso ainda é raro ver jornalistas liderando *startups* ou novas iniciativas empresariais relevantes, por mais que as oportunidades da transição midiática favoreçam a formação.

O mesmo vale para Relações Públicas, no sentido de que suas disciplinas têm de ser absorvidas por profissionais de todos os ramos, níveis e atividades. A profissional ou o profissional de RP, portanto, não pode ser um mero operador - deve ser formado para ser líder corporativo, habilidade que pode muito bem ser desenvolvida desde os bancos da faculdade.

Por isso, a Academia de Comunicação tem que encontrar, rapidamente, caminhos viáveis para transformar sua abordagem. A oportunidade é imensa! Inclusive, para contribuir com outros cursos, em todas as áreas do conhecimento. Mídia e Comunicação é uma disciplina transversal. Como Silvio Waisbord sustenta, todos os cursos deveriam ter uma cadeira sobre Mídia e Comunicação. É uma "pós-disciplina" central e transversal para diversos saberes. Das ciências e áreas de saúde, às engenharias e à Administração, até o (não mais) hermético Direito e seus grandes derivados, como Economia e História. Todos os campos do conhecimento agora têm a disciplina de mídia e comunicação como basal. A Academia de Ciências da Comunicação, naturalmente, é a que está melhor posicionada para fazer esse movimento e aproveitar integralmente essa oportunidade.

Egressos de todos os cursos superiores, para atuarem na Sociedade da Informação, também devem se apropriar de conceitos sobre análises de discurso, transição midiática, ética e teoria da comunicação. Devem entender os modelos e processos de trabalho da comunicação e seus caminhos consistentes para evolução; organizar o raciocínio e compreender a centralidade da comunicação nos processos de trabalho de sua organização. Como já introduzimos na parte 2, a Educação Midiática é fundamental para todos os profissionais, de todas as áreas atuantes na Sociedade da Informação. A professora Martha Terenzzo que, diga-se de passagem, foi quem me apresentou à Andréa Mello, editora deste livro, também endossa essa visão:

> *"Tenho visto muitas empresas montando suas universidades corporativas, pois existe uma demanda do ponto de vista acadêmico. Então, as universidades têm a oportunidade de se aproximar das empresas para estimular mais a reflexão sobre gestão em comunicação, sem ferir os valores acadêmicos. É preciso um movimento coordenado, muito sério, entre empresas comprometidas com o processo de educação midiática e a Academia."*

Os acadêmicos de comunicação, portanto, têm nas mãos a responsabilidade de promover uma reestruturação não apenas em seus departamentos, mas em todas as demais áreas que incentivam a divulgação, o empreendedorismo e as atividades públicas. Ou seja, em todos os cursos que existem.

Já nos cursos de comunicação em si, há a clara demanda para reorganizar o currículo, com ênfase em gestão, governança, visão de negócios e processos, combinada com um panorama amplo do funcionamento da indústria - tanto no contexto histórico, quanto para o futuro, com uma miríade de oportunidades que se descortinam para os egressos dessas cadeiras. Eu, que sou fruto da academia brasileira de comunicação (PUC-Campinas, Cásper Líbero e USP), enxergo claramente a necessidade de atualizar a abordagem de ensino e as diretrizes curriculares, para que essa Escola não fique ensimesmada entre seus pesquisadores, com produções muitas vezes herméticas, e alunos muitas vezes desconectados das reais demandas da sociedade e do mercado.

É preciso extrapolar, de forma palatável, o debate sobre a transição midiática e sobre a centralidade e o protagonismo da comunicação em todos os setores. Para a Academia de Comunicação, esse cenário soa como uma oportunidade única para mudanças profundas e necessárias. Literalmente, transcende as fronteiras. Inclusive, é um desafio compartilhado por nossos colegas portugueses.

Tive a oportunidade de estabelecer um contínuo e produtivo debate com o prof. Jorge Remondes, desde quando o mesmo me convidou para dar uma palestra sobre *brand publishing* em um evento organizado pelo Instituto Superior de Entre Douro e Vouga, no dia 21 de fevereiro de 2020, em Santa Maria da Feira, Portugal. Esse convite acabou gerando uma inesquecível viagem familiar às vésperas do mundo se fechar por causa da pandemia. De forma bem equilibrada, Remondes pondera as dificuldades do mercado e da Academia que, como toda área crítica, tem o desafio de derivar o conhecimento científico a partir da experimentação real:

> *"A academia tem que acompanhar a evolução do mercado, e o mercado evolui cada vez mais rápido. Então, eu acho que a academia se confronta com as mesmas dificuldades, por vezes, com as quais as próprias empresas se defrontam. Tal como na academia, no setor corporativo há organizações com mais visão, que se preparam para os desafios do futuro.*

> *Há outras que são mais reativas; reagem contra. Acho que é uma característica, também. Ou seja, é comum às organizações, em geral. Agora, claro, junto à academia, nós temos uma expectativa maior porque daí saem profissionais. Nós queremos profissionais que saiam preparados para hoje, não para amanhã. Eles têm que sair prontos para responder às necessidades do presente, mas às vezes há barreiras em atualizar os currículos. Ou seja, essa atualização constante é um desafio."*

Quando estive no ISVOUGA, foi na companhia do economista João Pedro Moreira, que fez a ponte para esse dia especial em Santa Maria da Feira. Pedro foi cliente da Barões durante 2 de seus 4 anos de Rio de Janeiro como CEO da Proteste Brasil, e hoje é *head* de B2B da Euroconsumers Invest, em Lisboa. Juntos concluímos que as palestras da Conferência organizada por Remondes propunham discussões bem maduras, com olhar de gestão e visões processualizadas. E com aquele olhar de negócios muito interessante que Portugal consegue ter com naturalidade para toda a Europa e o Oriente Médio - o que descortina a demanda global por esse perfil de gestores da comunicação contemporânea.

Afinal, se a Sociedade do Espetáculo profissionalizou as carreiras de jornalismo, publicidade e RP, em âmbito global, agora a Sociedade da Informação extrapola o escopo desses campos e torna essas profissões centrais em qualquer atividade humana, da divulgação científica ao *card* da rede social. As oportunidades se abrem em escala muito maior.

Conforme Jeanne Marie Machado de Freitas, que foi minha professora na ECA, aponta, "não parece descabido afirmar que a área da comunicação é aquela na qual a incidência da tecnologia produz efeitos sentidos como uma verdadeira revolução."

De novo, é uma oportunidade imensa. E uma enorme responsabilidade, também. Pois a Comunicação e o Jornalismo extrapolam as empresas do setor e a própria academia de comunicação. É essencial instruir os profissionais para desafios corporativos em todos os setores, em uma abordagem transversal, multiconectada e interdisciplinar, como defende a professora doutora Beth Saad em seu artigo sobre "centralidade, transversalidade e resiliência" para adequação do campo da comunicação aos desafios da contemporaneidade digital.

É preciso estar à altura do desafio, sob pena dos cursos de comunicação tradicionais perderem relevância frente a outras formações, como engenharia de produção, economia ou administração - afinal, a comunicação digital (em particular, a editorial) vai precisar de líderes fortes nas organizações.

Por isso, vale também avaliar a possibilidade de estruturação de uma "pós-disciplina", para uma formação mais abrangente em administração de comunicação e mídia, ou mesmo *"Publishing"*, se houver uma adoção clara do termo, assim como aconteceu com "Marketing". Esse novo curso deve exigir profundo fundamento teórico, aliado a práticas protagonistas em gestão de negócios, relações institucionais e liderança de organizações públicas ou privadas, setoriais, regionais, nacionais ou de âmbito global. De acordo com Martha Terenzzo:

> *"Teoricamente, as faculdades brasileiras estão preparadas para essa mudança, mas ainda temos problemas básicos de infraestrutura, de sucateamento da faculdade pública, da educação como um todo. Nossa tecnologia ainda está aquém da demanda do mercado, sobretudo fora das universidades privadas de ponta. Creio que temos faculdades de comunicação preparadas para desenvolver novas diretrizes curriculares, mas temos o problema econômico, em especial fora da bolha das capitais."*

Diante desses tais gargalos e, muitas vezes, da própria morosidade da academia (em tempo: essa última observação é minha); enquanto esse salto não é feito, vale testar ofertas de cursos de especialização ou extensão, que abordem o *brand publishing* enquanto uma prática que combina comunicação editorial e negócios. Também é preciso estimular trabalhos de conclusão de curso e pesquisas de mestrado e doutorado sobre o fenômeno das marcas como *publishers* setoriais relevantes, bem como sobre a cadeia de valor do *publishing* digital no contexto da transição midiática.

capítulo 15

Considerações finais

Chegamos ao fim do livro. Espero que a leitura tenha lhe entregado uma nova visão sobre transição midiática, *brand publishing* e os desafios das pessoas e organizações em relação à comunicação editorial digital. Essa foi a proposta, mesmo longe de esgotar o tema, obviamente. O livro se presta como um marco para o necessário aprofundamento de reflexões sobre a comunicação editorial em plataformas proprietárias de marcas.

O tema é amplo e transformador. No nosso caso, focamos em *brand publishing* editorial como mídia proprietária. E mesmo dentro do escopo, há muito que se debater e aplicar. O processo está muito no começo, mas já surgem boas reflexões públicas sobre o fenômeno. Além dos meus artigos, palestras, *lives* e entrevistas para o *trade*, desde 2020 o Meio & Mensagem me abriu espaço para falar sobre o tema, com um consistente fluxo de publicação de artigos de minha autoria sobre *brand publishing*.

Outras vozes já começam a enriquecer o debate. Em 6 de junho de 2022, Mate Pencz, empreendedor húngaro formado pela Harvard, publicou, no Valor Investe, o artigo "Brand Publishing e o futuro do seu negócio". Além da gentileza de me citar no artigo, ele definiu muito bem a abrangência e o potencial do *brand publishing*:

> *"Como você deve imaginar, o brand publishing é uma estratégia que exige investimento, estrutura e uma certa maturidade no mercado. Não é simples de executar e não é a resposta para objetivos de curto prazo. Há que se formar uma equipe específica e especializada, criar uma linha editorial própria, ter uma plataforma profissional, pensar em distribuição. É uma aposta de longo prazo, mas com muito potencial para ser um "game-changer"."*

Menos de um mês depois, em 4 de julho de 2022, Edward Pimenta e Tiago Afonso, executivos do grupo Globo, assinaram juntos um artigo sobre os desafios do *brand publishing* no Valor. Com uma boa estruturação conceitual e técnica sobre *owned media*, o Grupo Globo sinaliza publicamente o interesse no *brand publishing* como frente de negócios através do Glab, braço de projetos editoriais para marcas do grupo. Outras empresas, como a já citada Webedia e a NZN, por exemplo, continuam evoluindo suas ofertas de *brand publishing*.

Bom ver que, de forma geral, as abordagens estão bem alinhadas, conceitual e tecnicamente. Daqui para frente é natural que o debate público vá se refinando, pois o fenômeno das marcas como *publishers* de conteúdo editorial informativo é essencial para a comunicação e o papel das marcas na sociedade. Sempre foi, é fato. Mas agora, como vimos, atingiu outra escala. A escala da internet. Escala que impactou toda a indústria da mídia informativa de maneira definitiva. E trouxe para a arena de *publishers* marcas com projetos profissionais de comunicação editorial digital e proprietária.

Diferente de projetos pessoais (*influencers* e/ou especialistas), as marcas têm a capacidade de fomentar o debate com informação qualificada. Por serem a consolidação de um conjunto de crenças e valores de um grupo de pessoas especialistas em um determinado tema, as marcas, assim como os veículos independentes, contam com critérios padrões e profissionais elevados. Por isso, é natural que elas se tornem centros de excelência em informação setorial, incluindo opiniões com respaldo técnico, fundamentação e procedência.

Até porque a nossa sociedade foi soterrada por opiniões sem quaisquer lastros. Desde as centenas de caracteres do Twitter, que favorecem a agressão e a superficialidade, até os grandes veículos com produção desordenada de opiniões, parte delas de fundamentação questionável, impulsionadas pelos cliques das redes sociais.

Essa desestruturação abre espaço para as marcas como centros de excelência, para valorizarem a informação, a opinião qualificada. Para se tornarem referências objetivas em seus campos semânticos. Dominarem buscas sobre os temas estratégicos centrais de seus setores – inclusive, de negócios - dentro dos seus próprios conjuntos de crenças e valores. E com total transparência, declarando a origem, para resgatar a valorização desse fundamental atributo.

Afinal, desejo e trabalho ativamente para que a gente saia desse mundo caótico entre "Sociedades" (do Espetáculo e da Informação) e desenvolva um novo modelo de trabalho, que restabeleça a confiança da audiência nas fontes de informações especializadas. Que nossa geração emerja aprimorada nos próximos anos, com capacidade de melhorar a sociedade já nessa década. As marcas, de toda natureza e setor, são parte fundamental desse processo de profissionalização do mercado de mídia em uma nova dimensão. Inclusive para lutar, de maneira efetiva, contra os arriscados embates ideológicos que são amplificados sistematicamente e maliciosamente por agentes oportunistas nas redes.

Um exemplo desse bom combate é a Carta para a Democracia, lançada pela Faculdade de Direito da USP em 26 julho de 2022, que contou com a adesão de ex-ministros do STF, acadêmicos, banqueiros, artistas, jornalistas e centenas de milhares de cidadãos, que puderam assiná-la através do site https://estadodedireitosempre.com/. Mídia é campo de luta.

Pois é. A situação mudou em todos os níveis e frentes de atuações. A comunicação editorial digital sofrerá uma transformação ainda maior que o "quarto poder" sofreu no século XX, após a consolidação do telégrafo e seus filhotes. Agora, com as empresas relevantes cientes de seus papéis e da oportunidade de se tornarem um *publisher* profissional, as carreiras de comunicação vão fazer ainda mais sentido. Mas adequadas ao novo mercado, infinitamente maior do que o mercado de mídia do século XX que se resumia, grosso modo, a uma dúzia de grupos de comunicação e de agências. O mesmo vale para o profissional de negócios e os líderes das marcas que, de um jeito ou de outro, vão ter que mergulhar de cabeça nessas frentes.

Pois o processo de profissionalização exigido por parte das marcas vai absorver profissionais que, por sua vez, precisam trabalhar não só a mensagem. Vão trabalhar também o meio. Estruturar e instalar processos contínuos de informação editorial, que garantam qualidade, objetividade e desempenho. Por isso são gestores de mídia informativa (*publishers*) e, para assumir esse papel, têm que entender o todo: gestão, negócios, sustentabilidade, e promover uma nova cultura de trabalho.

Cultura de trabalho, aliás, que dá um salto de qualidade também: deixa para trás as esfumaçadas redações e agências com culturas tóxicas, machistas, histriônicas, agressivas e sectárias. E encontra ambientes cada vez mais técnicos e mais estruturados, com processos de gestão de pessoas, no geral, muito mais evoluídas.

Até porque "saúde mental" é um tema sério e a internet não é mais coisa de criança. Precisa de organização, consistência, planejamento e gestão. Porque não há milagres: só acompanhar *hypes* não gera resultados. Não há "Metaeldorados". O trabalho vai exigir líderes lúcidos, capazes de mobilização corporativa, eficientes e organizados, inclusive na Governança, que agora vai demandar um olhar editorial.

Pois a prática do jornalismo especializado é maior que empresas de jornal do século XX. Dentro de suas definições, agora se torna uma prática transversal. Não apenas do conteúdo, mas também da plataforma e da distribuição. E com foco em dados como parte de resultados claros, substanciais e substantivos. Do *awareness* à geração de negócios, pois o objetivo é, como fruto deste trabalho, deter um potente ativo de mídia proprietária. Que será um dos grandes ativos de mídia de qualquer empresa relevante no século XXI.

Chegamos às considerações finais deste capítulo e do livro. Claro que este livro não esgota o tema, isso é óbvio. Essa frente de trabalho vai escalar daqui para frente, o que vai carecer de fomento a discussões sobre o tema, novas produções e, sobretudo, ampliação do debate público, através de propriedades como Valor, Meio & Mensagem e Brand Publishing Brasil.

Dentro do próprio foco (*brand publishing*) muito há que se estruturar. Provavelmente, eu sentirei falta de algum aspecto que deixei passar ou aprofundar, pois o tema é amplo e foram geradas horas e horas de entrevistas com interlocutores para este livro, com *insights* brilhantes. Por isso, é preciso que uma nova geração de profissionais, atentos e honestos, se ajudem, através de caminhos sólidos e debates bem fundamentados, a estruturar suas frentes de trabalho - seja *owned*, *paid* ou *earned* - com melhor embasamento técnico. Que essa nossa geração, protagonista nas próximas décadas em negócios e comunicação, tenha bom ânimo para atuar nesse processo de transformação dos ambientes de formação e de trabalho, adequados aos padrões éticos, comportamentais, técnicos e estratégicos do século XXI.

Século, obviamente, que já formou, para o bem e para o mal, a geração que mais busca e mais lê informação noticiosa. Então marcas, veículos, *big techs*, agências, *mediatechs* e *martechs* devem trabalhar com engenho e arte para fazerem parte da "nova galáxia de *publishers*", parafraseando Castells. Agora, em uma escala jamais vista, que vai abrir novas, potentes e incontáveis oportunidades.

Fim | Rio de Janeiro, 2022

posfácio

Por uma nova cultura de trabalho

O livro de Paulo Henrique Ferreira (*Brand Publishing e Transição Midiática*) trata de inúmeras mudanças acontecidas ao longo das últimas décadas. Porém, neste texto, quero destacar a mais importante (e necessária) delas para os próximos anos: a cultura do trabalho. Especialmente no mercado de comunicação. Seja em agências, veículos, seja em departamentos de grandes empresas, o caos operacional é uma realidade pautada pelo imediatismo, em vez de planejamento e gestão dos processos. Assim como a sujeição a lideranças que não entendem de comunicação, mas são alçadas a diretorias mesmo sem conhecimento específico sobre a área - o que deixa equipes como reféns do poder de um cargo.

A cultura de trabalho de uma organização impacta diretamente no comportamento de sua equipe e é responsável pela formação das lideranças. Vivi uma experiência negativa no mundo da comunicação, à época de uma denúncia contra o gerente de uma empresa. Ele havia recebido uma advertência do RH, por exposição da equipe a situações constrangedoras; uma reclamação feita por um grupo de colegas de trabalho. Além de todos os cursos de reciclagem aos quais foi submetido, ele também decidiu se retratar com a equipe, o que causou uma situação embaraçosa para todos. Mas, já adiantando o final da história, o desfecho é uma promoção. Isso mesmo, a pessoa foi promovida para a diretoria da empresa três meses após o episódio. E isso não é um caso raro no mundo corporativo.

Ao advertir esse profissional, nunca houve intenção da empresa em tornar o ambiente de trabalho melhor para todos. O objetivo ali era um só: pressionar para que ele obtivesse uma avaliação interpessoal melhor no próximo trimestre. Pois a cultura daquela empresa valorizava exatamente isso: avaliações individuais impecáveis, e não relações saudáveis. O bônus, calculado a partir das burocracias do RH, era o que realmente importava nesse caso.

E aí vale uma reflexão sobre a cultura organizacional, em vez de fazer suposições quanto à personalidade do gerente, ou críticas a posturas individuais. Se ele foi promovido, podemos concluir, de maneira superficial, que não se tratava de um profissional incompetente. O questionamento que cabe é em relação aos valores dessa empresa, que estimula esse comportamento. E, se quisermos aprofundar a discussão: como esses princípios se refletem na formação das lideranças em um ambiente corporativo?

Ao longo da vida profissional, assinamos vários contratos, em que assumimos obrigações e garantimos direitos. De maneira indireta, também firmamos um contrato psicológico. Este se estabelece nas expectativas do colaborador em relação à empresa, e vice-versa. A cultura organizacional atua diretamente nesse caso. A observação do comportamento das lideranças é a principal ferramenta de propagação da cultura de uma empresa.

Vamos a um exemplo da Barões, sobre o qual posso falar por experiência própria. Temos o hábito de ser pontuais em reuniões, seja com o cliente, seja com o público interno. Em reuniões realizadas com todo o time, são poucos os casos de pessoas atrasadas - as que se atrasam avisam previamente o motivo. Isso, sem haver qualquer comunicado antes da reunião, como "Não se atrasem". Esse comportamento é observacional. As pessoas percebem que, na Barões, a pontualidade é um valor importante. Significa que eu me importo com o seu tempo; que ele não vale menos do que o meu. E isso vale para todos.

Isso pode até parecer bobagem para alguns, mas até chegar a Barões, atraso de reunião era um valor institucionalizado para mim. Quase nunca os compromissos de trabalho começavam na hora marcada. Quantas vezes cheguei muito antes do horário, para não me atrasar (quem já morou longe do trabalho vai me entender), e a reunião não começou no tempo previsto! Chefes, culturalmente, costumam ter "permissão" para o atraso. E o fazem sem cerimônia alguma.

Na Barões, acreditamos que podemos (e tentamos todo dia) criar uma cultura diferente. Porque de nada adianta ter resultados satisfatórios, verbas suficientes, processos eficazes, métodos comprovados, se as pessoas, que fazem os projetos acontecerem no dia a dia, não estiverem felizes. Não há nada que justifique manter pessoas trabalhando insatisfeitas a maior parte do tempo de suas vidas.

Recentemente, a partir de uma visão operacional, assumi a posição de líder de desenvolvimento de pessoas na Barões. Antes, atuava como *head* de Gestão; hoje, concentro as funções de Operação e RH juntas. Isso é inovação!

Na maioria das empresas, o RH é liderado por profissionais técnicos que não conhecem o dia a dia da operação e, por isso, têm uma visão completamente limitada dos esforços da equipe. A minha missão é reverter a miopia dos RHs e construir uma gestão de pessoas baseada em processos sustentáveis, produtivos e, principalmente, saudáveis. Dessa forma, o objetivo da Barões é não só mudar o formato da comunicação, mas também a cultura do trabalho nesse mercado. Não somos apenas um *benchmark* de *brand publishing*, mas também de cultura de trabalho.

Por isso, defendemos que comportamentos desgastantes não podem mais ser encorajados no ambiente corporativo como justificativa para a produtividade. Isso é um erro. Cabia no trabalho do século passado, para justificar a construção de uma "sociedade do espetáculo", mas não condiz com o momento de transição em que nos encontramos hoje. As novas lideranças precisam ter valores mais alinhados com os propósitos das pessoas. Cabe às lideranças refletir e criar um ambiente de confiança, vital para promover o bem-estar de todos. Ambientes caóticos produzem pessoas estressadas, e isso adoece. E são muitas as pessoas que têm adoecido por causa de ambientes de trabalho nocivos à saúde mental.

Comer pizza depois do expediente, por exemplo, aos olhos de alguns pode parecer valor de comprometimento. Mas, na verdade, estimular esse comportamento retira da pessoa o direito de vivenciar momentos de afeto em família, ou mesmo o tempo de compartilhar responsabilidades domésticas. Na maioria das vezes, as pessoas adoecem por consequências diretas de comportamentos danosos, que são estimulados pela cultura corporativa.

A Barões acredita na solidez dos processos para evitar a sobrecarga de trabalho; no bom humor, para estimular relações saudáveis; no "sextar" com alegria (Thank God It's Friday!), após uma boa semana.

Não adianta termos a melhor metodologia de *Brand Publishing* do mercado, se o nosso time não fizer parte desse desafio com bom ânimo. Pois a nossa proposta também é essa: oferecer um claro caminho de evolução para a cultura de trabalho do mercado de comunicação.

Joana Carvalho
Head de desenvolvimento de pessoas
e operações da Barões Digital Publishing

bibliografia

LIVROS E ESTUDOS

ANDERSON, Chris. *A cauda longa: a nova dinâmica de marketing e vendas – como lucrar com a fragmentação dos mercados*. Rio de Janeiro Campus-Elsevier. 2006.

ASSIS, Machado de. *Memórias póstumas de Brás Cubas*. São Paulo: Penguin-Companhia, 2014.

ASSIS, Machado de. *O jornal e o livro*. São Paulo: Penguin-Companhia, 2011.

CHRISTENSEN, Clayton M. *O dilema da inovação*. São Paulo: M books, 2011.

CONTI, Mario Sergio. *Notícias do Planalto*. São Paulo: Companhia das Letras, 1999.

CORTELLA, Mário Sergio; DIMENSTEIN, Gilberto. *A era da curadoria: o que importa é saber o que importa! (educação e formação de pessoas em tempos velozes)*. Campinas: Papirus, 2015.

DEBORD, Guy. *A sociedade do espetáculo*. Rio de Janeiro: Contraponto, 2007.

FERRARI, Pollyana. *Como sair das bolhas*. São Paulo: Editora da PUC. 2018.

FERREIRA, Paulo Henrique de Oliveira. *Notícias no celular: uma introdução ao tema*. São Paulo, 2005. 164 f. Dissertação (Mestrado em Ciências da Comunicação) - Escola de Comunicações e Artes, Universidade de São Paulo.

FREITAS, Jeanne Marie Machado de. "Ciências da linguagem: contribuição para o estudo dos mídia". *Revista Comunicação e Artes*. São Paulo: 1996.

HOROWITZ, Ben. *O lado difícil das situações difíceis: como construir um negócio quando não existem respostas prontas*. São Paulo: WMF Martins Fontes, 2015.

KOTLER, Philip; KARTAJAYA, Hermawan e SETIAWAN, Iwan. *Marketing 4.0: do tradicional ao digital*. Rio de Janeiro: Sextante, 2017.

MCLUHAN, Marshall. *Os meios de comunicação como extensões do homem: understanding media*. São Paulo: Cultrix, 1969.

ORTIZ, Renato. *Mundialização e cultura*. São Paulo: Brasiliense, 2006.

PRADO, Magaly. *Fake news e inteligência artificial: o poder dos algoritmos na guerra da desinformação*. São Paulo: Edições 70, 2022.

RHEINGOLD, Howard. *Smart mobs: the next social revolution*. Nova York: Basic Books, 2002.

SAAD, Elizabeth. "Centralidade, transversalidade e resiliência: reflexões sobre as três condições da contemporaneidade digital e a epistemologia da Comunicação". Trabalho apresentado na Divisão Temática Ibercom Epistemologia, Teoria e Metodologia da Comunicação no *XIV Congresso Internacional IBERCOM*, na Universidade de São Paulo, de 29 de março a 02 de abril de 2015.

SABINO, Fernando. *O tabuleiro de damas*. 5ª. edição. Rio de Janeiro: Record, 1999.

SANTOS, Milton. *Por uma outra globalização: do pensamento único à consciência universal*. 32ª edição. Rio de Janeiro: Record, 2021.

SILVA, Edvaldo. *Da válvula ao pixel: a revolução do streaming*. São Paulo: Lisbon International Press, 2022.

STANDAGE, Tom. *The Victorian Internet*. Berkley Books, 1999.

TALESE, Gay. *O reino e o poder: a reportagem clássica que revelou a intimidade do jornal mais importante do mundo*. São Paulo: Companhia das Letras, 2000.

TAURION, Cezar. *Internet móvel: tecnologias, aplicações e modelos*. Rio de Janeiro: Editora Campus, 2002.

USC Annenberg Center for Public Relation e The Holmes Group. *Global communications report, 2016*. Los Angeles. 2016.

WAISBORD, Silvio. *Communication: a post-discipline*. Cambridge: Polity Books, 2019.

INTERNET

ANER – Associação Nacional de Editores de Revistas. *Branded content: conheça os bastidores do GLab com Edward Pimenta*. ANER, 2022, Disponível em: https://www.aner.org.br/v2/anj-aner-informativo/branded-content-conheca-os-bastidores-do-glab-com-edward-pimenta.html. Acesso em 18 de outubro de 2022.

BEDOR, Liz. *Why Amex OPEN Forum is still the gold standard for content marketing*. Marketing Insider Group, 2015. Disponível em: https://marketinginsidergroup.com/content-marketing/open-forum-gold-standard-content-marketing/. Acesso em: 18 de outubro de 2022.

CNN Business. *Brasil tem mais smartphones que habitantes, aponta FGV*. CNN Brasil, 2022. Disponível em: https://www.cnnbrasil.com.br/business/brasil-tem-mais-smartphones-que-habitantes-aponta-fgv/#:~:text=S%C3%A3o%20242%20milh%C3%B5es%20de%20celulares,a%201%2C6%20por%20pessoa. Acesso em: 1 de novembro de 2022.

Content Marketing Institute. *Joe Pulizzi releases comprehensive content marketing book, epic content marketing*. 2013. Disponível em: https://contentmarketinginstitute.com/about/mediaroom/latest-press-releases/joe-pulizzi-releases-comprehensive-content-marketing-book-epic-content-marketing/. Acesso em: 2 de novembro de 2022.

COSTA, Bruno; FERREIRA, Paulo Henrique e PEREIRA, João Gabriel. *A pirâmide de maturidade do marketing de conteúdo*. Brand Publishing Brasil, 2021. Disponível em: https://brandpublishing.com.br/a-piramide-de-maturidade-do-marketing-de-conteudo/. Acesso em: 2 de novembro de 2022.

COSTA, Caio Túlio. *Um modelo de negócio para o jornalismo digital*. Caio Túlio, 2020. Disponível em: http://caiotulio.com.br/2014/04/um-modelo-de-negocio-para-o-jornalismo-digital/. Acesso em: 15 de julho de 2022.

Edelman. *Edelman Trust Barometer 2022*. 2022. Disponível em: https://www.edelman.com.br/edelman-trust-barometer-2022. Acesso em: 18 de outubro de 2022.

Época Negócios. *Jornais brasileiros decidem sair do Google News*. 2012. Disponível em: https://epocanegocios.globo.com/Informacao/Acao/noticia/2012/10/jornais-brasileiros-se-retiram-do-google-news.html. Acesso em:18 de outubro de 2022.

Estado de Minas. *Pandemia acelera o fim da imprensa escrita no mundo*. 2020. Disponível em: https://www.em.com.br/app/noticia/internacional/2020/08/07/interna_internacional,1173950/pandemia-acelera-o-fim-da-imprensa-escrita-no-mundo.shtml. Acesso em: 18 de outubro de 2022.

FERREIRA, Paulo Henrique. *Brand publishing e comunicação interna: diretor da Barões fala das duas disciplinas em artigo para e-book*. Brand Publishing Brasil, 2022. Disponível em: https://brandpublishing.com.br/comunicacao-interna-e-brand-publishing/. Acesso em: 18 de outubro de 2022.

FERREIRA, Paulo Henrique. *Brand publishing: o content marketing além do conteúdo*. Brand Publishing Brasil, 2019. Disponível em: https://brandpublishing.com.br/brand-publishing-o-content-marketing-alem-do-conteudo/. Acesso em: 18 de outubro de 2022.

FERREIRA, Paulo Henrique. *Brand publishing requer maturidade de conteúdo*. Meio & Mensagem, 2021. Disponível em: https://www.meioemensagem.com.br/home/opiniao/2021/08/12/brand-publishing-requer-maturidade-de-conteudo-das-marcas.html. Acesso em: 18 de outubro de 2022.

FERREIRA, Paulo Henrique. *Notícias no celular: uma introdução ao tema*. Dissertação de mestrado na ECA-USP. Brand Publishing, s/d. Disponível em: https://brandpublishing.com.br/wp-content/uploads/2019/07/dissertacao-de-mestrado-ferreira-paulo-heinrique-noticias-no-celular-uma-introducao-ao-tema.pdf. Acesso em: 17 de outubro de 2022.

Financial Times. *Carnage for digital publishers in what was meant to be turnaround year*. 2022. Disponível em: https://www.ft.com/content/c81255fb-62a6-444b-9bd1-05d938c68710. Acesso em: 2 de novembro de 2022.

Folha de S. Paulo. *EUA veem 50 veículos de jornalismo local serem lançados na pandemia*. 2021. Disponível em: https://www1.folha.uol.com.br/mundo/2021/12/eua-veem-50-veiculos-de-jornalismo-local-serem-lancados-na-pandemia.shtml. Acesso em: 17 de outubro de 2022.

Fran6 Análises de Mercado. *Censo Brasil de editores de jornais e revistas*. 2022. Disponível em: https://www.anj.org.br/wp-content/uploads/2022/06/censo_revistas_jornais_20220613_sem_idade-1.pdf. Acesso em: 17 de outubro de 2022.

HARE, Kristen. *More than 100 local newsrooms closed during the coronavirus pandemic*. Poynter, 2021. Disponível em: https://www.poynter.org/locally/2021/the-coronavirus-has-closed-more-than-100-local-newsrooms-across-america-and-counting/. Acesso em: 18 de outubro de 2022.

ISVOUGA Executive Education. *ISVOUGA debateu o marketing digital na 3ª conferência do centro e norte*. 2020. Disponível em: https://isvouga.pt/pt/noticias/2020-02-24/isvouga-debateu-o-marketing-digital-na-3a-conferencia-do-centro-e-norte/. Acesso em: 18 de outubro de 2022, 2020. Disponível em: https://isvouga.pt/pt/noticias/2020-02-24/isvouga-debateu-o-marketing-digital-na-3a-conferencia-do-centro-e-norte/. Acesso em: 18 de outubro de 2022.

LIRA, Camila de; FERREIRA, Paulo Henrique. *"Precisamos tirar o conteúdo da equação", diz Andrew McLuhan*. Brand Publishing Brasil, 2022. Disponível em: https://brandpublishing.com.br/precisamos-tirar-o-conteudo-da-equacao-diz-andrew-mcluhan/. Acesso em: 18 de outubro de 2022.

Meio & Mensagem. *Jornais: circulação digital sobe e impressa cai em 2021*. 2021. Disponível em: https://www.meioemensagem.com.br/home/midia/2022/02/02/jornais-circulacao-digital-sobe-e-impressa-cai-em-2021.html. Acesso em: 17 de outubro de 2022.

Meio & Mensagem. *Jornal Lance! vende marcas e ativos digitais por R$ 25 milhões*. 2021. Disponível em: https://www.meioemensagem.com.br/home/midia/2021/09/03/jornal-lance-vende-marca-e-ativos-digitais-por-r-25-milhoes.html. Acesso em: 18 de outubro de 2022.

MIT Technology Review Insights. *In a cookieless future, half-baked marketing won't do*. MIT Technology Review, 2021. Disponível em: https://www.technologyreview.com/2021/04/27/1023164/in-a-cookieless-future-half-baked-marketing-wont-do/. Acesso em: 18 de outubro de 2022.

MOLYNEUX, Logan. *Mobile news consumption:* a *habit of snacking. ResearchGate*, 2017. Disponível em: https://www.researchgate.net/publication/317629247_Mobile_News_Consumption_A_habit_of_snacking. Acesso em: 18 de outubro de 2022.

MONTEIRO, Thais. *Google: menos gestão de campanhas e mais estratégia*. Meio & Mensagem, 2021. Disponível em: https://www.meioemensagem.com.br/home/midia/2021/05/27/google-menos-gestao-de-campanhas-e-mais-estrategia.html. Acesso em: 18 de outubro de 2022.

OLIVA Gabriela; LOPES, Anna Júlia. *Ao menos 17 veículos de mídia fecharam no Brasil em 4 anos*. Poder 360, 2021. Disponível em: https://www.poder360.com.br/midia/ao-menos-17-veiculos-de-midia-fecharam-no-brasil-em-4-anos/. Acesso em: 18 de outubro de 2022.

PENCZ, Mate. *Brand publishing e o futuro do seu negócio*. Valor Investe, 2022. Disponível em: https://valorinveste.globo.com/blogs/seu-negocio/post/2022/06/brand-publishing-e-o-futuro-do-seu-negocio.ghtml. Acesso em: 18 de outubro de 2022.

PIMENTA, Edward; AFONSO, Tiago. *Toda empresa é uma empresa de mídia?* Valor, 2022. Disponível em: https://valor.globo.com/glab/noticia/2022/07/04/toda-empresa-e-uma-empresa-de-midia.ghtml. Acesso em: 18 de outubro de 2022.

Poder 360. *Dois jornais fecham semanalmente nos Estados Unidos, diz estudo*. 2022. Disponível em: https://www.poder360.com.br/midia/dois-jornais-fecham-semanalmente-nos-eua-diz-estudo/. Acesso em: 17 de outubro de 2022.

PIO, Dirceu Martins. *O fechamento de jornais impressos*. Observatório da imprensa, 2012. Disponível em: http://www.observatoriodaimprensa.com.br/imprensa-em-questao/_ed717_o_fechamento_de_jornais_impressos/. Acesso em: 17 de outubro de 2022.

POLITI, Cassio. *Quanto tempo cada produto levou para alcançar 50 milhões de usuários?* Tracto, 2018. Disponível em: https://www.tracto.com.br/50-milhoes-de-usuarios/. Acesso em: 18 de outubro de 2022.

RENNIE, Alistair; PROTHEROE, Jonny. *Uma pesquisa do Google mostra como as decisões de compra são mais complexas do que você imagina*. Think with Google. Disponível em: https://www.thinkwithgoogle.com/intl/pt-br/tendencias-de-consumo/jornada-do-consumidor/uma-pesquisa-do-google-mostra-como-as-decisoes-de-compra-sao-mais-complexas-do-que-voce-imagina/. Acesso em: 18 de outubro de 2022.

ROBERTS, Bryce. *Apple has officially killed the ad-based business model.* Twitter, 2022. Disponível em: https://twitter.com/bryce/status/1550488450226274304. Acesso em: 18 de outubro de 2022.

SÁ, Nelson de. *Sem Trump, CNN desaba, mas NYT vai encontrando saídas*. Folha de S. Paulo, 2021. Disponível em: https://www1.folha.uol.com.br/colunas/nelsondesa/2021/08/sem-trump-cnn-desaba-mas-nyt-vai-encontrando-saidas.shtml. Acesso em: 18 de outubro de 2022.

Secretaria de Comunicação Social da Presidência da República. *Pesquisa brasileira de mídia 2014 – hábitos de consumo de mídia pela população brasileira*. FNDC, 2014. Disponível em: http://fndc.org.br/publicacoes/pesquisas-e-relatorios/pesquisa-brasileira-de-midia-2014-habitos-de-consumo-de-midia-pela-populacao-brasileira/. Acesso em: 18 de outubro de 2022.

SCHIFF, Alisson. *AB Inbev on why advertisers are starting to act more like publishers*. AdExchanger, 2021. Disponível em: https://www.adexchanger.com/advertiser/ab-inbev-on-why-advertisers-are-starting-to-act-more-like-publishers/. Acesso em: 18 de outubro de 2022. Disponível em: https://www.adexchanger.com/advertiser/ab-inbev-on-why-advertisers-are-starting-to-act-more-like-publishers/. Acesso em: 18 de outubro de 2022.

SOUZA, Karina. *Brasil é um dos 5 países com maior número de celulares, mostra ranking. Exame*, 2021. Disponível em: https://exame.com/pop/brasil-e-um-dos-cinco-paises-com-maior-numero-de-celulares-mostra-ranking/. Acesso em: 18 de outubro de 2022.

TAURION, Cezar. *Inovação: é teatro ou a sério mesmo?* Medium, 2021. Disponível em: https://c-taurion.medium.com/inova%C3%A7%C3%A3o-%C3%A9-teatro-ou-a-s%C3%A9rio-mesmo-29fb3814bac2. Acesso em: 17 de outubro de 2022.

TAURION, Cezar. Publicação sem título sobre lançamento do primeiro livro. LinkedIn, 2022. Disponível em: https://www.linkedin.com/feed/update/urn:li:activity:6958740330657538048/. Acesso em: 18 de outubro de 2022.

TAURION, Cezar. Publicação sem título sobre Safari no Vale do Silício. LinkedIn, 2022. Disponível em: https://www.linkedin.com/posts/ctaurion_is-rationality-finally-emerging-for-unicorn-activity-6915981293964931072-IiX9?utm_source=linkedin_share&utm_medium=member_desktop_web. Acesso em: 17 de outubro de 2022.

Tudocelular.com. *Quase 8 bilhões! Pesquisa indica números de celulares ativos equivalente ao de indivíduos em 2026*. 2021. Disponível em: https://www.tudocelular.com/mercado/noticias/n175979/7-bilhoes-smartphones-ativos-mundo-2026-pesquisa.html#:~:text=Segundo%20as%20estimativas%20da%20companhia,ano%20passado%20pelos%20mesmos%20analistas. Acesso em: 18 de outubro de 2022.

VARTY, Joel. *Omnichannel content delivery: how a headless CMS helps*. Agility, 2021. Disponível em: https://agilitycms.com/resources/posts/omnichannel-content-delivery-headless-cms. Acesso em: 18 de outubro de 2022.

WALDMAN, Noah. *Millennials surprisingly prefer news articles over videos*. Contently, 2016. Disponível em: https://contently.com/2016/10/17/millennials-video/. Acesso em: 1 de novembro de 2022.

WESTLUND, Oscar. *From mobile phone to mobile device: news consumption on the go*. ResearchGate, 2008. Disponível em: https://www.researchgate.net/publication/277768745_From_Mobile_Phone_to_Mobile_Device_News_Consumption_on_the_Go. Acesso em: 18 de outubro de 2022.

Wikipedia. *Wilson Figueiredo*. Disponível em: https://pt.wikipedia.org/wiki/Wilson_Figueiredo. Acesso em: 1 de novembro de 2022.

sobre a barões digital publishing

BARÕES

A Barões Digital Publishing é uma empresa brasileira 100% focada no planejamento, implantação, gestão e operação de ativos de *brand publishing* para organizações com autoridade em seus segmentos.

Entre seus clientes estão marcas como ENGIE, QuintoAndar, Transfero Group, Banco Safra, MRV&Co, Fundação Dom Cabral, Cooxupé, Embratel, Marfrig, Beauty Fair, entre outras.

sobre a editora robecca & co.

A Robecca & Co. foi criada em 2021 pelo sonho da fundadora, uma ex-executiva de marketing, em escrever e editar livros diferenciados, de personalidade e inspiradores, com temas ainda carentes no mercado brasileiro.

Pelos livros já publicados sobre Customer Experience (CX), Gestão do relacionamento com o cliente (CRM), Brand Publishing e Transição Midiática, se tem uma clara ideia da ambição desta nova editora de ter um papel relevante no mundo e contribuir para o fortalecimento das marcas, a felicidade dos clientes e a sustentabilidade das empresas no longo prazo.

www.editorarobecca.com.br